KB106062

미국, 캐나다
대자연에 취하다

태원용 여행이야기 ❸

미국, 캐나다 대자연에 취하다

발행일   2017년 12월 29일

지은이   태 원 용
펴낸이   손 형 국
펴낸곳   (주)북랩
편집인   선일영   편집   이종무, 권혁신, 오경진, 최예은, 오세은
디자인   이현수, 김민하, 한수희, 김윤주   제작   박기성, 황동현, 구성우
마케팅   김회란, 박진관, 김한결
출판등록   2004. 12. 1(제2012-000051호.)
주소   서울시 금천구 가산디지털 1로 168, 우림라이온스밸리 B동 B113, 114호
홈페이지   www.book.co.kr
전화번호   (02)2026-5777   팩스   (02)2026-5747

ISBN   979-11-5987-897-8 03940 (종이책)   979-11-5987-898-5 05940 (전자책)

이 도서의 국립중앙도서관 출판예정도서목록(CIP)은 서지정보유통지원시스템 홈페이지(http://seoji.
nl.go.kr)와 국가자료공동목록시스템(http://www.nl.go.kr/kolisnet)에서 이용하실 수 있습니다.
(CIP제어번호: CIP2017034923)

지도와 인터넷만으로 29박 30일 아메리카 대륙을 누빈 한 여행 블로거의 가족 여행기

미국, 캐나다
대자연에 취하다

글/사진 태원용

한번도 안 가볼 수는 있지만
한번만 갈 수는 없다!

북랩 **book** Lab

여행을 시작하며

 일상을 벗어나 낯선 곳을 걷는 설렘을 좋아합니다. 여행지에서 행복해하는 나를 느낍니다. 여행하는 동안 젊어지는 느낌이 들어서 좋습니다. 사람을 젊게 하는 것은 사랑하는 것과 여행하는 것입니다. 발걸음을 옮길 때마다 마주하는 새로운 풍광들이 반가운 선물로 다가왔습니다. 발길 닿는 곳마다 시야는 넓어지고 생각의 폭은 깊어집니다. 나이가 들수록 여행의 맛을 알아가며 제대로 익어가는 느낌이 듭니다.

 대부분의 사람들은 여행을 하고 싶어 합니다. 마음먹기는 쉬워도 실천하기는 어렵습니다. 생각과 행동하는 것의 차이는 현실적으로 여러 제약이 있기 때문입니다. 여행하는 사람을 부러워하고 언젠가 자신만의 여행을 꿈꾸기도 합니다.

 오래전부터 해보고 싶었던 미국 횡단과 캐나다 여행이었습니다. 여행지에서의 시간은 다람쥐 쳇바퀴 같은 일상생활보다 빠르게 흐르는 것 같습니다. 한정된 일정이므로 시간의 빠름이 아쉽지만 하나라도 더 보고자 부지런히 다녔습니다.

 미국과 캐나다와 타이베이 여행을 하고 한국으로 돌아오는 비행기 창문으로 하늘 밑을 바라보았습니다. 땅에서는 높게 보였던 산들이 잔잔한 물결처럼 보입니다. 들판과 차이가 없어 보입니다. 도심의 높은 빌딩과 농가의 주택들도 하늘에서 보니 성냥갑처럼 보입니다. 저곳에서 옹기

종기 모여 나름대로 열심히 살아가고 있습니다. 살면서 형편이 좋아져야 하는데 여전히 힘들게 살고 있다고 생각하니 마음이 짠해 옵니다.

무엇이 얼마나 잘났다고 자랑할 수 있을까요?
얼마나 오래 살겠다고 욕심을 낼 것인가요?
진정 소중한 것이 무엇인지 알고 감사하며 살고 있을까요?

여행은 마음을 조금씩 비우게 하고 열린 마음으로 겸손하게 합니다. 이번 여행도 가족과 함께한 여행이어서 의미와 보람이 있습니다. 언제까지 4명이 함께 여행할 수 있을지는 모르지만 할 수 있을 때까지 할 계획입니다. 또 하나의 가족여행이 추가되어 마음속에 켜켜이 쌓였습니다. 효준이, 효은이가 앞으로 살아가면서 아빠와 엄마와 함께했던 여행을 떠올리며 미소 짓고 행복했으면 좋겠습니다. 삶의 고비를 만나 힘들 때 가족을 생각하며 힘을 얻기를 바랍니다. 장거리 여행을 하면서 마음에 들지 않았던 순간들도 있었지만 돌이켜보면 모든 일들이 합력하여 선을 이루어서 감사한 마음 가득합니다. 내 인생 지도와 가족의 인생 여정 위에 또 하나의 특별한 추억을 만들었습니다.

여행을 하면서 얻게 되는 또 하나의 배움이 있습니다. 사람이 살아가면서 무엇인가 하나라도 얻어서 풍요해지는 것이 아니라 내려놓음으로써 자유로워지는 것입니다. 시간은 물처럼 흐르는 것이 아니라 가을의 낙엽처럼 쌓이는 것 같습니다. 낙엽이 쌓여 좋은 거름이 되듯 이번 여행도 앞으로 살아가는 데 좋은 영양분이 될 것입니다.

인천 공항에 도착했습니다. 힘차게 떠오르는 비행기를 보면서 다시 떠날 여행을 생각합니다. 내년 여름에 동유럽 여행 계획과 일정을 떠올리면 얼굴 가득 미소가 드리우고 행복해집니다.

자 이제 미국횡단과 캐나다 6개 도시 가족여행을 함께 떠나보실까요? 감사합니다.

눈 덮힌 고성산을 바라보며…

태원용

CONTENTS

2. 캐나다 서부와 미국 서부 여행

3. 캐나다 동부 여행

4. 미국 동부와 타이베이 여행

1 여행할 도시의 기본 정보와 계획

1. 아껴둔 선물을 꾸리기 시작했다

"실패는 삶에서 불필요한 것들을 모두 제거해 주었습니다. 저는 실패한 제 자신을 있는 그대로 받아들이게 되었고 저의 모든 열정을 가장 소중한 한 가지 일에 쏟아 붓게 되었습니다. 두려워했던 실패를 경험했기에 실패에 대한 두려움으로부터 자유로워졌습니다."

- 조앤 롤링의 하버드 대학에서 연설문 중

내 인생을 돌이켜보면 10년 주기로 변화의 전환점이 있었다. 다람쥐 쳇바퀴 같은 일상의 반복에서 변화는 필요하고 나는 그것을 좋아한다. 그런 점에서 여행은 최선의 선택이다. 몇 해 전부터 계획했었던 미국여행을 본격적으로 준비한다. 7월과 8월은 방학과 휴가시즌이며 해외여행을 많이 하므로 항공사는 극성수기라고 규정하고 있다. 수요와 공급 법칙에 의해 항공요금은 올라가고 좌석도 구하기 어렵다. 그나마 다행인 것은 유류할증료가 예년에 비해 저렴해졌다는 것이다. 2017년 1월부터 스카이스캐너를 검색하여 2월 초에 인천-로스앤젤레스, 뉴욕-인천 타이베이를 경유하는 에바항공 요금을 80만 원대에 발권했다.

그러나 예상치 못한 일이 일어났다. 어차피 인생사가 마음먹은 대로 되지 않는 것이다. 올해 초 아내가 고등학교로 발령났다. 고등학교의 여름 방학은 중학교보다 늦게 시작하고 일찍 마친다. 여행 출발일을 불가피하게 변경해야 하므로 예약한 항공 티켓과 숙박에 차질이 생겼다. 그동안 시간을 투자하여 예약한 항공권과 숙박지를 취소했다. 다행히 숙박은 부킹닷컴에서 예약을 해 무료취소를 할 수 있었다. 하지만 항공요금은 그렇지 못했다.

항공사 수수료 7만 원+여행사 수수료 3만 원×4명=40만 원 청구서가 날아왔다. 2017년부터 바뀐 취소수수료 면제 여행 규정을 여행사 직원에게 이야기하니 국내 항공사만 해당되고 국제 항공사는 제외라고 말했다. 결국, 수수료는 1만 원으로 조정해서 32만 원을 지불했다. 여행 경비를 조금이라도 아껴보려고 일찍 예약했음에도 취소수수료 32만 원을 지불하게 되어 속이 쓰리다. 아까웠지만 8만 원을 벌었다고 스스로 위안했다. 내년에는 2월에 나오는 학사일정에서 여름방학을 확인하고 항공과 숙박지를 예약해야겠다.

어쨌든 아내의 짧은 여름방학 일정으로는 20일밖에 여행을 못 하게 되었다. 줄어든 일정이 아쉽고 비싼 항공료가 아깝다. 여러 생각을 하면서 여행 일정을 수정한다. 나와 효준이가 먼저 출발하여 밴쿠버, 시애틀, 샌프란시스코를 여행하고 아내와 효은이를 로스앤젤레스에서 만나기로 했다. 처음 계획보다 일주일이 더 늘어나서 30일 일정이 되었다. 조금은 더 여유롭게 여행할 수 있게 되었다.

'전화위복'

다시 스카이스캐너를 비롯한 여러 사이트를 검색했다. 인천-밴쿠버, 뉴욕-인천을 90만 원대에 발권하고 인천-로스앤젤레스, 뉴욕-인천을 110만 원대에 발권했다.

아빠와 아들은 10일 동안 여행을 하게 되었다. 둘만의 여행은 처음인데 어떻게 될지 모르겠다. 작년 러시아, 몽골 여행은 처음 장거리 여행인 이유도 있었지만 서로 마음에 들지 않는 때가 있었다. 여행에 집중하지 않고 그때 한창 유행하기 시작한 '포켓몬 고'가 문제였다. 한국에서는 강릉에서만 잡을 수 있다고 많은 사람들이 찾아갔다는 뉴스를 보았다. 그런데 러시아에서 잡을 수 있다고 좋아하면서 핸드폰에서 눈을 못 떼는 아들이 눈에 거슬렸다. 효준이와 효은이는 이제 컸다고 가끔 자기들 나름대로 불만을 표현했다. 이제 나도 아이들의 이야기를 들어야 할 나이가 되었구나 생각하니 대견하면서도 서글펐다. 이번 여행은 아들과 이런 저런 이야기도 하면서 잘 지내고 싶다.

해외여행경비 중 항공료 다음으로 비중을 많이 차지하는 것이 숙박요금이다. 빠듯한 여행 경비에서 절약할 곳은 숙박료밖에 없다. 혼자 하는 여행이면 저렴한 게스트하우스 8인실 도미토리에서 자겠지만, 가족 여행이니 안전과 편안함을 생각하지 않을 수 없다.

부지런히 검색했다. 가끔 특별할인 행사를 하는 숙소를 유심히 살폈다. 부킹닷컴으로 숙소를 예약하면 보통 1주 전까지는 취소수수료가 없다. 그런데 특별행사 가격으로 할인이 많이 된 곳은 무료 취소가 되지 않는 것은 물론이고 아예 숙박요금이 그대로 청구된다. 왜 그런지 모르겠다. 어차피 성수기에는 내가 취소를 해도 곧 다른 사람이 예약을 할

텐데…. 지금 예약해도 여행하면서 어떻게 일정이 바뀌게 될지는 알 수가 없기 때문이다. 모험이다.

50% 할인이라는 광고를 보고 2곳을 예약했다. 예정대로 숙박하기를 바란다. 뉴욕 다운타운에 있는 아파트의 3박 4일 숙박요금이 그대로 취소 수수료로 청구되었다. '이럴 수가…' 다시 예약을 하려니 마지막 날 하루만 가능하다. 하루라도 먼저 예약하고 취소수수료에 대해서 문의를 하니 면제해 준다고 한다. 누군가 취소하기를 바라면서 며칠 동안 주시하고 있다가 원하는 날짜에 예약했다.

그다음으로 비중이 많은 것은 교통편이다. 작년에 시베리아 횡단 기차여행을 했기에 기차여행을 우선적으로 생각하여 암트랙을 검색했다. 그런데 시베리아 횡단 기차처럼 필요한 구간만 예약하는 시스템이 아니다. 최소 15일 동안 8구간을 사용할 수 있다. 1인 459달러이다. 그런데 두 명은 30일 동안 12구간을 사용해야 하는데 689달러(275만 원)이다. 여행 일정으로는 8구간밖에 사용할 수 없다. 전체 12구간을 다 사용하지 못하므로 경제적인 낭비다. 과감하게 패스한다. 차선책으로 찾은 것이 그레이하운드다.

그레이하운드 홈페이지에서 도시간 이동 시간과 요금을 검색했다. 기차보다 운행 시간도 자주 있고 요금도 훨씬 저렴하다. 110만 원으로 여행할 수 있을 것 같다. 암트랙은 패스를 구입하고 구간별로 다시 예약을 해야 하며 기차 시간도 하루에 몇 번 없어서 시간 맞추기가 어려울 것 같다. 반면 버스는 운행 횟수도 많았고 언제든지 예약하면 되니 편리하다.

1. 그레이하운드 예약을 일찍 하면 정상가보다 훨씬 저렴하게 할 수 있다. 온라인으로 예약하고 버스터미널에서 버스표를 받아야 한다. 지정좌석이 없으므로 먼저 가서 원하는 자리에 앉는 것이 좋다. 현지에서 알게 된 볼트 버스는 그레이하운드와 비슷한데 요금은 저렴하고 따로 티켓을 받을 필요 없이 운전기사가 체크를 하니 훨씬 편리했다.

시애틀에서는 버스정류장이 아닌 다운타운 거리에서 내렸고 다른 도시에서는 그레이하운드 버스정류장에서 내렸다. 이용해 보니 시간이 맞으면 볼트 버스를 이용하는 것이 경제적이고 편리했다.

2. 부킹닷컴에서 숙소를 예약할 때 홈페이지에 나와 있는 가격 외에 현지에 가면 세금 이외에 여러 명목으로 추가 비용이 청구된다. 가끔 특별할인 행사를 하는데 혹 여행일정에 변동이 있어 예약을 취소하면 숙박요금 전액이 취소수수료가 되어 결제되었다. 될 수 있으면 이런 곳은 안 하는 것이 정신 건강에 좋다.

2. 여행하면서 꼭 가보고 싶은 곳

자주 다니는 도서관에서 독서주간 특별 행사로 '영화 속에 나오는 도서관'의 사진전시회가 있었다. 미국에 있는 도서관이 많았는데 유독 나의 시선을 끄는 도서관이 있었다. 시애틀 중심가인 4번가와 5번가 사이에 있는 '시애틀 공공도서관'이다. 1998년 시애틀시가 '모두를 위한 도서관'이라는 프로젝트를 시작한 후 2004년 현재의 모습으로 완성되었다. 독특한 건축구조로 유명하다. 유리와 철제를 주재료로 사용해 실내에서는 유리 벽 사이로 들어오는 햇빛과 식물들과의 조화가 아름답다. 미국의 대표적인 친환경 건축물이며, 도서관 곳곳에 예술작품이 비치돼 있다. 145만 권의 장서와 각종 DVD를 보유하고 있다. 시애틀에 가면 시간 내어 찾아가서 구경도 하고 의자에 앉아서 책을 읽고 싶다.

도서관 벽에 붓글씨로 쓴 '鐵杵磨鍼(철저마침)'이 적혀 있다. '쇠 방삭고를 갈고 갈아 바늘을 만든다'는 뜻이다. 정성을 다하여 노력하면 아무리 힘든 목표라도 달성할 수 있다는 뜻이다. 일만 시간의 법칙을 생각한다. 사람 사는 세상에는 공짜가 없고 쉽게 얻어지는 것도 없다.

　캠퍼스가 아름다운 대학교에 입학하면서 대학생활을 하는 동안 '하고 싶은 것 다섯 가지'를 정했다. 그중 하나는 '도서관 1층에 있는 교양서적을 다 읽자.'였다. 강의가 없는 시간에 도서관에 가서 책이 꽂혀있는 서가를 보는 것만으로도 반가웠고 새로운 글들을 읽는 것이 즐거웠다. 시험 기간에는 학교 북문에 있었던 CCC 사랑방에서 자고 새벽에 나와 줄서 입장하고 며칠 동안 도서관에서 생활했었다.

　효준이는 야구를 좋아한다. 시애틀과 샌프란시스코와 로스앤젤레스에 가면 꼭 야구장을 가야 한다고 말했다. 어렸을 때부터 나와 캐치볼을 자주 했는데 이렇게 야구를 좋아하게 될 줄 몰랐다. 필리핀에서 귀국한 다음 날 아침 제일 먼저 한 것이 아파트 공원에서의 캐치볼이었다. 자율형 사립고에 진학한 이유 가운데 하나가 체육 선생님께서 현역 야구 선수에게 지도를 받게 하고 야구 동아리를 적극 지원하겠다고 약속했기 때문이다. 서울대학교에 입학하여 단과대학 야구 동아리에서 투수로 활동했다. 심판 보던 선배의 권유로 2학기에 서울대학교 야구부에 들어갔다. 여자국가대표와의 경기 중 홈으로 들어오다가 포수와 부딪쳐서 어깨뼈가 부러져 큰 수술을 받고 철심을 넣었다. 그 이후에도 이마가 찢어지고 여기저기 멍들고 상처투성이다. 이제 그만할 때도 되었건만 여전히 야구부 활동에 열심이다.

'그래. 네가 그렇게 좋아하니 어쩌겠니? 다치지만 말아라.' 전화 통화를 할 때면 안전 야구하라고 당부한다.

LA 다저스 구장에서 박찬호와 류현진 선수는 볼 수 없겠지만, 그들이 활약했던 경기장을 보면 행복할 것이다.

3. 미국 여행 기본 정보

나만의 색깔 있는 여행을 하고 싶다. 기본적으로 잘 알려진 관광지를 보기도 하겠지만, 가족이 즐기면서 여러 사람들과 어울리며 그들의 생활과 문화도 경험해 보고 싶다. 미국 횡단과 캐나다 여행은 '시베리아 횡단 기차 여행'과는 또 다른 여행이 될 것이다. 러시아와 몽골은 매스컴을 통해 많이 보지 않아서 여러 면에서 낯선 나라였지만 미국은 어릴 때부터 매스미디어를 통해 많이 보아서 조금은 친근하다. 책으로 출간할 때는 일반적인 정보 전달에만 머물지 않고 나의 경험을 바탕으로 이야기를 만들어 가려고 한다. 처음 여행하는 사람의 입장에서 준비 과정부터 여행을 함께하는 느낌이 들도록 할 것이다.

미국 횡단과 캐나다 여행을 하고 싶은데 망설이는 사람들에게 조금이나마 도움이 되었으면 좋겠다. 여러 여건으로 여행하지 못하는 사람들에게는 책을 통해 간접 경험이 될 수 있도록 하겠다.

여행은 새로운 곳을 경험하고 많은 사람들을 만나게 된다. 약 한 달간 여행하면서 길 위에서 만난 사람들과 어떤 이야기를 나누며 아름다운 풍광에 대하여 어떤 느낌이 들까 궁금하다. 여행을 떠나기 전까지 여행지에 관한 정보를 많이 검색하여 주어진 시간에 꼭 봐야 할 것은 보려고 한다. 여행지에 대한 기본적인 지식이 많을수록 여행은 알차고 풍성해지는 것을 경험으로 안다. 그렇게 해야 여러 면에서 안심이 되고 현지에서 돌발상황에 처했을 때 당황하지 않는다. 가족여행이기 때문에 시행착오를 하고 싶지 않다. 여행은 아는 만큼 많이 보이고 모르면 가까이 있어도 알지 못한다.

아메리카 대륙에 사람이 살기 시작한 때는 약 1만 2,000년~4만 년 전으로 추정된다. 1492년 크리스토퍼 콜럼버스가 신대륙을 발견했다는 것은 잘못된 사실이다. 그가 도착하기 전부터 아메리카 대륙에는 원주민들이 평화롭게 살고 있었다. 유럽인들이 이곳으로 오지 않았고 그들이 지금까지 온전히 존재하였다면 세계 역사는 많이 바뀌었을 것이다.

미국의 정식명칭은 아메리카 합중국(United States of America)이다. 본토와 알래스카와 1959년에 50번째 주로 편성된 하와이로 구성된 연방공화국이다. 50개 주와 1개의 특별 구로 이루어져 있는데 특별구는 컬럼비아 특별구(District of Columbia, DC) 미국 연방정부 소재지로 일반적으로 Washington, D.C.라고 한다. 지구에서 러시아, 캐나다에 이어 면적이 세 번째로 넓은 나라이며, 본토 면적만으로는 네 번째이다. 인구는 약 3억1천만 명이 거주하며 다양한 민족이 이주하여 정착한 다민족국가로 인구가 세 번째로 많은 나라이다.

미국 비자 면제 프로그램(VWP, Visa Waiver Program)은 관광 또는 경유

목적으로 90일 이내 미국을 방문하려는 여행자가 비자 없이 미국에 입국할 수 있게 하는 제도로 2008년 11월 17일부터 시행하였다. 전자여행허가제(ESTA)를 신청하여 입국 허가를 받아야 한다. 발급비는 여행사를 통하면 50,000원이고 직접 하면 18달러다. 몇 년 전까지 비자를 받기 위해 미국대사관에서 오랜 시간을 줄 서서 기다리고 인터뷰를 하였다.

사용하는 화폐 단위는 달러(Dollar, $)와 센트(Cent, ￠)다. 달러 앞면에 있는 사람은 1달러 조지 워싱턴, 2달러 토머스 제퍼슨, 5달러 에이브러햄 링컨, 10달러 알렉산더 해밀턴, 20달러 앤드류 잭슨, 50달러 율리시스 그랜트, 100달러 벤저민 프랭클린이다.

시차는 태평양, 산악, 중부, 동부와 하와이, 알래스카 표준시가 있다. 면적이 넓다 보니 한 나라 안에 4개의 시간대가 있다. 참고로 러시아는 모스크바를 기준으로 9개의 시간대가 있다.

화씨를 섭씨로 계산하는 것은 암산이 잘 되지 않으므로 외우는 것이 편하다.

화씨 32도 → 섭씨 0도, 화씨 80도 → 섭씨 26.72도, 화씨 90도 → 섭씨 32도, 화씨 100도는 사람의 기본체온 36.5＋약 1도＝37.8도이다.

미터법은 1790년 프랑스 정치가 탈레랑의 제안에 따른 국제적인 도량형 단위계이다. 십진법 도량형으로 미터를 길이, 리터를 부피, 킬로그램을 무게로 한다. 세계에서 미터법을 쓰지 않는 나라는 미국, 라이베리아, 미얀마라고 한다. 왜 그럴까?

1피트는 30cm, 1야드 90cm, 1마일 1.6km이며 1갤런은 3.8L, 1온스는 30g, 1파운드는 450g이다.

미국은 스포츠가 활성화되어있다. 미국과 캐나다 도시를 연고지로 하는 프로야구 구단들은 최고 수준의 리그다. 프로미식축구리그(NFL), 미국프로농구(NBA), 북미아이스하키리그(NHL)와 함께 북미 지역을 대표하는 4대 프로리그 중 하나다.

IMF 외환 위기로 국민들이 고난을 겪고 있을 때 박찬호와 박세리의 경기를 보면서 대한민국 국민들은 위로를 받았고 웃을수 있었다. 자연스럽게 박찬호가 소속된 구단 LA 다저스에 관심을 갖게 되었다. 지구 우승 13회, 월드시리즈 우승 6회에 빛나는 명문 구단이며 인종차별의 벽을 허문 최초의 팀 등 다저스가 메이저리그 역사에서 차지하는 비중은 크다. 다저스를 상징하는 '다저 블루'의 푸른색은 다저스 선수들과 팬들뿐만 아니라 전 세계 야구 팬에게도 친숙하다.

"끝날 때까지 끝나지 않았다."

"It ain't over till it's over" - Yogi Berra

메이저리그 전통의 명문구단 뉴욕 양키스의 전설적인 명포수 '요기 베라'가 남긴 최고의 야구 명언으로 우리들에게도 잘 알려진 말이다. 야구는 시간 제한이 없어서 마지막 9회말이 완료될 때까지 최선을 다하면 기적 같은 역전 우승이 가능하다. 어떤 불리한 상황에서도 절대 포기하지 말고 노력을 다하면 승리가 가능한 것이 야구의 매력이다. 인생을 살아가는 데 많이 인용되는 문구이다. 앞으로 100세 시대가 온다고 한다. 지금 최선을 다해 성실히 살다 보면 언젠가는 좋은 기회가 온다고 믿는다.

4월 3일부터 2주간 매일 본방사수하는 EBS '세계 테마 기행'에서 미국과 캐나다 편이 방송되어 반가운 마음으로 관심 갖고 시청했다. 작년 6월에는 러시아, 몽골을 여행하기 전 '러시아, 시베리아 횡단 기차' 몽골편을 시청했다.

4. 캐나다 여행 기본 정보

"너와 함께 한 시간 모두 눈부셨다. 날이 좋아서, 날이 좋지 않아서, 날이 적당해서 모든 날이 좋았다."

"모든 날의 하루도 무의미한 날은 없다."

"혹여 어느 마음 약한 신이 듣고 있을지 모르니."

캐나다는 단풍과 메이플 시럽으로 우리에게 알려졌지만 먼 나라 이야기 같았다. 최근 드라마 '도깨비'로 퀘벡이라는 아름다운 도시가 알려지고 많은 사람들이 가보고 싶어 하는 곳이 되었다. 도깨비는 지금까지 전래동화에 나오는 외눈에 뿔 달린 무서운 존재였다. 드라마 한 편으로 친근한 아저씨 같은 존재가 되었다.

2017년은 캐나다 연방 150주년으로 많은 행사와 다양한 축제와 여러 혜택이 있다. 특히 눈에 띄는 것은 로키산맥(4,500km)의 국립공원 입장료가 무료라고 한다. 언젠가는 꼭 캠핑하면서 트레킹 하고 싶은 산이다.

캐나다는 세계에서 두 번째로 넓은 나라로 전체 면적이 9,984,670km2

로 광대한 국토를 가지고 있다. 한반도 크기의 45배이며 남한 면적의 100배 크기다. 전체 인구가 약 3,430만 명(2015년)이며 인구 밀도가 세계적으로 적은 나라 중 하나다. 미국은 약 3억1천만 명으로 캐나다의 열 배에 달한다. 1인당 국민 소득은 캐나다가 4만6천 달러, 미국은 4만7천 달러로 큰 차이가 없다. 1951년 정식 국명을 캐나다로 변경하였다. 캐나다라는 지명은 인디언 이로코이 족의 언어에 있는 카나타(부락의 뜻)가 어원이다.

1812년 캐나다와 미국 간의 전쟁 후 세계에서 제일 긴 6,416km의 국경이 생겼다. 영국 연방에 속한다. 1763년 영국이 프랑스와 맺은 파리 조약 이후 영국의 식민 상태로 있다가 1867년 캐나다 자치령으로 독립하였다. 캐나다의 공식 언어는 영어(60~65%)과 프랑스어(35~40%)인데 퀘벡 사람들은 프랑스말을 많이 사용한다.

캐나다는 1950년 한국 전쟁 때 유엔군으로 참전하여 약 2만7천 명이 목숨을 걸고 싸웠다. 그 후 1963년에 외교 관계를 맺으면서 여러 무역 협정과 기술 협력 협정, 비자 면제 협정 등을 체결하였다. 현재 캐나다는 한국의 열네 번째 중요 교역 대상국이며 한국은 캐나다의 여덟 번째 중요 교역 대상국이다. 캐나다는 다문화주의 사회다. 1971년 각 인종들의 다양성을 인정하는 다문화주의 정책을 세계에서 처음으로 채택했다. 다문화주의를 통해 캐나다 정부는 인종, 언어, 종교에 관계 없이 모든 시민들이 평등하다는 개방적인 사회 건설을 추진하고 있다.

캐나다 정부의 입국관리 정책에 따라 eTA를 발급받아야 입국이 가능하다. 2016년 3월 15일 발효된 eTA(전자여행허가)의 관용 기간이 종료되어 2016년 11월 9일부터는 정식 시행되고 있다. eTA는 최고 5년간 또는

eTA 신청에 사용된 여권 만료일까지 유효하다. 여러 번 캐나다 여행을 할 수 있으며 최대 6개월까지 캐나다에 체류할 수 있다. 여행사에 맡기면 eTA 수수료는 30,000원, 내가 직접 신청하면 7달러다.

ESTA+ETA 더블 패키지(70,000원) 이용도 가능하다.

참고로 ESTA(미국)는 2년 동안 유효하며 한 번에 최대 90일까지며 여러 번 여행할 수 있다. 캐나다 환율(CS$) 2년 만에 어제 최저점 830원을 찍었다.

2013년 9월에 1,164원을 넘었던 것에 비하면 많이 떨어졌다. 그때는 석유 가격이 많이 상승하여 자원이 풍부한 덕을 보았다.

5. 캐나다 입국 & 미국 입국

1992년 나 홀로 첫 해외여행을 하기 위해 여권과 비자를 신청했다. 여권과 비자에 대한 개념이 없었다. 여권이 대한민국 국민의 신분증이고 비자는 방문국의 입국 허가서라는 것을 알았다. 여권을 신청하고 반공교육도 몇 시간 받았었다. 방문 할 나라의 비자를 받아야 했다. 여권을 받았을 때 설레던 기분을 기억하고 그 여권을 기념으로 간직하고 있다. 많은 나라 출입국 도장이 찍힌 여권이 4개 있다

2017년 현재 대한민국 여권을 소지했다면 170개국을 무비자로 여행할수 있다. 우리나라의 위상이 많이 높아졌기 때문이다. 그런 이유로 여권을 노리는 사람이 많다. 해외여행을 할 때는 여권 보관에 특별히 신경을 써야 한다. 만약 분실했을 경우를 대비하여 여권 복사본과 여권용 사진

을 따로 잘 보관해서 대사관에서 임시로 발급받아야 한다.

무비자 입국을 많이 할 수 있는 나라 중 1위는 독일 176개국, 2위는 스웨덴으로 175개국, 3위는 미국이고, 덴마크, 핀란드, 이탈리아, 스웨덴 순이다. 아시아 국가 중에서는 싱가포르가 173개국, 일본이 172개국, 북한은 40개국이다.

비행기가 이륙하여 안정 궤도에 진입하면 스튜어디스가 입국카드와 세관 신고 카드를 나누어 준다. 남의 집을 방문할 때 주인의 허락을 받아야 하는 것과 같다. 조금 떨리는 마음으로 작성한다. 나의 신상에 관한 것을 적을 때는 성의를 가지고 최대한 또박또박 잘 적으려고 노력한다. 지금까지 잘못 기재하여 입국을 하지 못한 경우는 없었다.

캐나다 밴쿠버로 입국하여 3박 4일 여행하고 육로로 미국에 입국할 계획이다. 작년 여름 러시아에서 육로로 몽골을 입국할 때는 울란우데 호스텔에서 아침 6시에 출발하여 울란바토르 호스텔에 밤 10시 넘어서 도착했다. 작은 미니버스와 택시를 갈아타면서 갔던 길고 긴 여정이었다. 그때는 의사소통도 제대로 되지 않았다. 몽골 식당에서는 음식을 주문하기 위해 조선 동포와 3자 전화 통화로 했다. 몽골 여행을 하고 다시 러시아로 입국할 때는 국제 기차를 타고 입국했는데 훨씬 편했다.

캐나다에서 미국 입국은 4시간이 소요된다고 하니 작년에 비하면 'piece of cake'이다. 우선 기본적인 의사소통은 영어가 되니 조금은 마음이 놓인다. 육로로 국경을 넘는 것은 비행기로 가는 것과는 느낌이 다르다.

6. 밴쿠버(Vancouver) 기본 정보와 여행 계획

밴쿠버라는 이름은 1792년 태평양 연안을 탐험한 조지 밴쿠버 선장의 이름에서 딴 것이다. 캐나다 서부 지역의 최대 상공업 도시며 태평양으로 통하는 주요 무역항이다. 토론토, 몬트리올에 이어 3번째로 인구가 많은 대도시임에도 불구하고 아름다운 자연환경으로 조용한 휴양도시 같은 인상을 준다. UN이 선정한 '살기 좋은 도시' 1위로 여러 번 올랐다. 우리나라와 시차는 여름에는 서머타임 적용으로 16시간이다. 인구 48만 명이며 도시권 인구 138만 명이다. 평균기온은 18℃의 온난한 기후이며 7월 평균 최저온도 13도, 최고온도 22도로 쾌적한 기온이다.

밴쿠버 공항 관광안내센터는 입국장에 있지 않고 출국장에 있다. 밴쿠버의 대표 교통수단인 스카이 트레인(Sky train)을 타면 공항에서 다운타운까지 30분 걸린다. 지역 관계없이 자정까지 무제한 탈 수 있는 1일권의 요금은 CAD $9.75다.

캐나다 토론토 근교에서 20년 넘게 살면서 잠시 귀국하여 시조창을 같이 배운 후배에게 캐나다에 관한 여러 가지 팁을 들었다. 밴쿠버의 기본적인 식품 물가는 우리나라보다 저렴하다. 정부의 재정이 넉넉하고 행정을 잘한다고 한다. 의료보험제도가 잘 되어 있다. 캐나다를 시작으로 북미 전역을 연결하는 그레이하운드 버스가 많이 이용되고 있다. 출발 21일 전에 미리 예약하면 최대 40%로 저렴하게 티켓을 구입할 수 있다. 지하철역이 많고 교통시설이 편해서 여행하기 좋다.

밴쿠버에서 가장 오래된 지역 중 하나인 개스타운은 Columbia Street와 Burrrad Street 사이에 있는데 Burrard 내해를 바라보고 있다. Water

Street는 독특하면서 예스러운 분위기가 나는 매력적인 거리이다. 1870년에 만든 세계 최초 증기로 작동하는 증기 시계가 볼거리다. 15분마다 수증기를 품으며 소리를 낸다고 한다. 일본 삿포로에도 증기 시계가 있다.

다리미 모양의 독특한 삼각형 건물은 1908년에 건축되었다. Alexander와 powell Street 모퉁이에 있고 현재 아파트로 사용하고 있다.

차이나타운은 밴쿠버 역사보다 오래되었다. 중국 정원인 쑨원은 '엑스포86'을 기념하기 위해 800년 역사의 명 왕조의 정원을 재현했다. 도심 속에 작은 휴식 공간으로 인간과 자연 사이에 건강한 균형을 창조해 내려는 도교의 원리가 반영되었다.

그린빌 마켓은 현지 시장 분위기를 경험하고 여러 먹거리를 맛보며 기념품 사기에 좋다. 전 세계의 이민자들이 모인 나라답게 다양한 나라의 음식을 구경하며 맛볼 수 있다. 다운타운에 있는 쇼핑몰 푸드코트에서 평소에 보지 못한 다양한 음식들을 구경하는 것도 재미있을 것이다. 필리핀에 많이 있는 SM몰의 지하 푸드코트와 비슷할 것 같다.

스탠리 파크는 밴쿠버 다운타운에서 잉글리시 베이 쪽으로 튀어나온 서쪽 반도에 있다. 둘레가 약 10km이며 면적은 1,000에이커로 울창한 숲으로 이루어진 넓은 공원이다. 자전거를 빌려 해안을 벗 삼아 한 바퀴 둘러보면 좋을 것 같다.

카필라노 현수교는 1889년에 지었다. 길이 70m로 컬럼비아 해안의 산림과 바위 절경으로 자연경관이 아름답다고 한다.

퀸 엘리자베스 공원은 밴쿠버에서 가장 높은 언덕(152m)에 있다. 산책을 가볍게 하기 좋으며 정상에서는 밴쿠버 시내가 한눈에 다 보여 전망이 좋다.

> **ⓘ Tip**
>
> 스카이 트레인은 보증금 6달러를 내고 일일권이 10달러였다. 보증금을 환불받기 위해서는 차이나타운에 있는 스카이 트레인 본사에서만 가능하다고 한다. 그런데 평일에만 가능하다. 한국처럼 역마다 기계가 설치되어있지 않는 것이 이상했다. 결국, 토요일에 미국으로 가야 했기 때문에 시간이 없어서 찾아가지 못해 12달러를 손해 보았다.

7. 시애틀(Seattle) 기본 정보와 여행 계획

사람들은 살아가면서 많은 일들을 경험한다. 그중에서도 특별한 기억으로 오랫동안 마음에 담아두고 있는 것이 신비롭다. 다시 산다면 소중한 기억들이 지워져서 아쉬운 마음이 들 것 같다. 기억의 공간에는 얼마만큼 저장이 가능할까? 인간은 평생 동안 뇌 용량의 10%도 사용하지 못한다고 한다. 마음이라는 곳은 정확하게 말하면 두뇌 속이다. 언제, 어떤 상황에서 어떤 감정이 내 마음속으로 훅하고 들어오는가가 중요하다. 대부분 자기가 원하는 쪽으로 저장된다. 어떤 것은 왜곡되어 추억이라는 이름으로 미화되어 자리를 잡는다. 믿고 싶은 것만 믿고, 듣고 싶은 것만 듣고, 알고 싶은 것만 알고 싶은 것이 사람의 마음이다. 인간의 기억은 이성적이고 합리적이지 못하다.

사람은 가끔 운명적으로 다가와 가슴 벅찬 사랑을 원하며 꿈꾼다. 시애틀 하면 전혀 알지 못하던 남자와 여자가 운명적인 만남을 그린 '시애틀의 잠 못 이루는 밤'(1993)을 자연스럽게 떠올린다. 내가 좋아하는 배우 맥 라이언과 톰 행크스의 로맨틱 러브스토리다. 영화의 배경이 된 곳에 가서 달달한 그 장면들을 떠올리고 싶다. 아마 그곳에 가면 영화 장면을 떠올릴 것 같다. 진짜 시애틀에 가면 잠이 안 오는지? 왜 잠 못 이루게 되는지? 직접 느끼고 경험하고 싶다. '해리가 샐리를 만났을 때'(1989)의 시나리오 작가이기도 한 여류감독 노라 에프론의 작품이다. 인연이 있는 사람이라면 아무리 멀리 떨어져 있어도 언젠가는 만나게 된다는 것이 이 영화의 주제다. 사랑할 사람은 따로 있으며 그 사랑은 어떤 운명적인 것에 의해 이루어진다는 내용이다. 현대인들의 인스턴트식의 애정관을 다시 생각해 보게 한다. 까까머리 중학생 시절부터 영화 보는 것을 좋아했다. 영화 보는 시간만큼은 다른 생각을 하지 않고 집중하여 영화에 몰입하여 시간 가는 줄 몰랐다. 멋진 배경이 나오면 언젠가는 그곳에 서 있는 나를 상상한다.

시애틀은 캐나다와 국경을 가까이하고 있는 미국 북서부 최대의 도시며 인구는 70만 명이다. 북위 49° 부근에 위치하지만, 기후는 온화하다. 7월의 날씨는 평균 17℃로 선선하다. 10월부터 3월까지는 비가 많이 내려 습하다는 느낌이 든다. 특산물은 비가 많이 내려 신선한 채소가 많이 재배된다. 태평양을 끼고 있는 도시이기 때문에 연어, 가오리 등 해산물도 싱싱하고 맛이 좋다.

세계 최대의 항공기 제작업체인 Boeing Company와 컴퓨터 회사인 Microsoft사가 있다. 별 다방으로 알려진 Starbucks 1호점과 1995년 오픈한 온라인 서점 Amazon이 있다. 1995년 대구 북구에 'Priceclub'

이 처음 개장해서 자주 이용했었다. 지금은 합병된 1983년 첫 매장인 Costco가 있다.

한인 타운은 다운타운을 중심으로 North Seattle의 노스 오로라 애비뉴를 따라 형성되어 있다. 남쪽 터코마 지역에도 한인 타운이 있다. 대도시인 시애틀은 치안 상태가 매우 양호한 편으로 여행하기에는 안전하다. 그러나 다운타운 Pioneer Square와 Rainier Avenue 인근은 노숙자와 부랑자들이 모여 있어 사고가 자주 발생하는 지역이므로 야간에 이 지역을 방문하는 것은 가급적 피하는 것이 좋다.

시애틀은 '에메랄드 시티'라고 불릴 만큼 호수와 강, 바다가 어우러진 물의 도시이다. 넓은 도시지만, 여행자들 입장에서는 볼거리가 모여 있다. 5가지 볼거리가 포함된 통합 할인 패스가 69달러다. 명소들을 둘러보는 가장 일반적인 시티 투어가 있다. 2~3시간 동안 여러 샘플 음식들을 맛보는 음식 투어가 있다.

시애틀에서 구경하면 좋은 곳

1. 파이크 플레이스 마켓 - 명물 시장이다.(1시간 소요)
2. 위터 프런트 - 하버 크루즈(2시간 소요)
3. 파이어니어 스퀘어 - 시애틀의 역사를 느낄 수 있다.(1시간 소요)
4. 시애틀 센터 - 스페이스 니들 - 뮤직센터와 과학센터가 있다.(2시간 소요)

잘 알려진 유명한 장소들을 먼저 둘러보고 여행 안내소와 현지인에게 추천을 받은 곳을 여행할 계획이다.

8. 샌프란시스코(San Francisco) 기본 정보와 여행 계획

"*If you're going to San Fran cisco*
Be sure to wear some flowers in your hair"

"샌프란시스코에 가면 머리에 꽃을 꽂으세요"로 시작한다.

1967년에 발표된 추억의 팝송으로 스콧 메켄지(1939~2012)는 꽃의 느낌을 다르게 표현했다. 왜 샌프란시스코에 가면 머리에 꽃을 꽂으라 했을까? 가면 알 수 있겠지. 샌프란시스코에 도착하면 머리에 꽃을 꽂고 다녀볼까 할까 하는데 괜찮을까? 영화 '포레스트 검프'(1994)에 삽입되어 팝송을 사랑하는 사람들에게 진한 향수를 느끼게 했었다.

샌프란시스코는 태평양 연안에서 로스앤젤레스 다음으로 큰 제2의 대도시이다. 100만 명이 살고 있다. 뉴욕 다음으로 인구 밀도가 높은 도시라서 숙박비가 비싸다. 세계 각처에서 많은 사람들이 와서 살고 있는 국제도시다. 이민자의 나라인 미국에서 가장 개방적이고 다문화의 대표도시다. 가장 넓은 이민자 타운이 있을 정도로 이민자에게 관대하다니 인종차별은 없을 듯하다. 과거와 현재, 그리고 미래가 공존하는 도시다.

해양성 기후로 연중 온화한 날씨지만 바람이 많이 분다. 7월 최고기온 22도, 최저기온 12도, 강수량 0.8mm이다. 여름의 햇볕은 강렬하지만, 습하지 않고 건조한 편이다. 겨울은 한국에 비해 따뜻한 편으로 5℃ 이하로 내려가는 일이 거의 없다. 우리나라보다 17시간 늦다. 대표적 특산품은 나파밸리산 와인이 있다. 진한 과일 향이 나며 선명하게 붉은빛을 띠는 것이 특징이다. 또한, 태평양에서 갓 잡아 올린 생선과 해산물도 대표적 특산품이다. 교통이 편리한 유니언 스퀘어 근처에 숙박시설이 밀집해 있다. 다른 대도시에 비해서는 치안이 안전한 편이나 밤늦은 시간대에는 강력 범죄가 발생하기도 하므로 조심하자.

인구 밀도가 높고 뉴욕 같은 분위기이며 짧은 시간 안에 많은 곳을 다닐 수 있다. 관광 안내소는 바트 하월 스트리트 역 입구에 있다. 케이블카 턴테이블에서 남쪽 지하 계단을 따라 내려가면 있다. 한국어로 된 안내서가 있다고 한다. 마켓 스트리트(Market St.)에도 있다.

시티 패스는 50% 할인된 가격에 샌프란시스코의 필수 어트렉션들을 즐길 수 있는 실용적인 카드다.

'City Sightseeing San Francisco'는 오픈된 이층 버스를 타고 샌프란시스코 명소를 방문한다. 9시부터 7시까지 25곳의 지정 승강장에서 자유롭게 타고 내릴 수 있다. 일반요금은 69달러며 배차 간격은 15~30분이다.
샌프란시스코 하면 떠오르는 금문교는 현수교이며 흔히 골드게이트 브리지라고 한다. 다리 길이가 2,788m이며 걸어서 40분 정도 걸린다고 한다.

샌프란시스코에서 구경하면 좋은 곳

1. 유니언 스퀘어 - 쇼핑의 메카로 대표적인 상업지구로 광장 모서리에 세워진 하트 조형물에서 기념 촬영은 필수다.(2시간 소요)
2. 시빅 센터 - 시청, 아시아 박물관, 시립 도서관, 오페라 하우스가 있다. 문화. 공연의 중심지다.(1시간 소요)

3. 예바 부에나 가든 - 현대 미술관, 유대인 미술관, 박물관, 컨벤션 센터가 있다. 도심 속 휴식공간으로 넓은 잔디밭과 시원한 폭포가 있다.(1시간 소요)

4. 차이나타운 - 미국에서 가장 규모가 큰 8만 명이 살고 있다. 미국에서 중국을 느끼며 중화요리를 맛보자.(2시간 소요)

5. 텔레그래프 힐 코잇 타워 - 러시안 힐 정상에 세워진 기념비적 전망대로 360도 전망이 펼쳐진다. 경사가 가파르므로 #39 버스를 이용한다. 러시안 힐과 롬바드 꽃길에서 좋은 사진을 얻자.(1시간 소요)

요세미티 국립공원은 미국 서부 3대 공원 '옐로스톤', '그랜드 캐니언' 중의 하나다. 1894년 유네스코 세계문화유산으로 지정되어 보호받고 있다. 미국에서 옐로스톤, 세쿼이아 다음으로 국립공원으로 선정되었다. 샌프란시스코에서 300km 거리에 있으며 3시간 30분 걸린다고 한다. 한국 여행사에서 운영하는 일일 버스 투어가 있다고 한다. 아침 7시에 출발하고 총 15시간 소요된다. 빼어난 자연환경을 자랑하며 100여 개의 등산 코스가 있고 야영지가 있다. 눈부신 자연환경과 멋진 풍광을 사진으로 많이 보았다. 거대하면서 아름다운 산속을 트레킹 하고 하룻밤을 통나무집에서 머물며 자고 싶다. 유명한 캘리포니아산 와인을 마시며 황혼으로 물들이는 깊은 산과 계곡을 아들과 함께 바라보고 싶다.

9. 로스앤젤레스(Los Angeles) 기본 정보와 여행 계획

나성에 가면 편지를 띄우세요.
사랑의 이야기 담뿍 담은 편지

나성에 가면 소식을 전해줘요.
하늘이 푸른지 마음이 밝은지

1978년 세샘트리오가 불렀던 '나성에 가면'을 부르면서 왜 로스앤젤레스를 '나성'이라고 부르는지 궁금했었다.

나성(羅城)=성(城) 밖으로 겹으로 쌓은 성(城)으로 의미와는 관계 없이 한자 발음만 빌어서 표기한 것이라고 한다. 황당하다는 생각이 들었다.

워싱턴 - 화성돈, 샌프란시스코 - 상항, 뉴욕 - 뉴육, 싱가포르 - 성항, 폴란드 - 파란, 프랑스 - 불란서, 베를린 - 백림, 그리스 - 희랍, 이집트 - 애급

로스앤젤레스는 캘리포니아주 남부 태평양 연안에 있다. 뉴욕 다음으로 두 번째로 큰 도시이며 세계에서 가장 다양한 사람들이 산다. 7월 최고 기온은 29도이며 최저 기온은 18도다. 강수량이 제로라고 한다. 사막도 몇 mm는 내린다고 하는데 너무 하다. 젖과 꿀이 흐르는 비옥한 땅은 아니고 말랐을 것인데 왜 천사의 도시라고 하는지 궁금하다.

박물관과 미술관이 841개가 있다. 세계의 그 어떤 도시보다 1인당 박물관 수가 많다. 종류도 다양할 것 같다. 제일 유명한 게티 미술관이 기대된다. 세계적으로 유명한 영화 산업의 중심지인 할리우드가 있다. 가

장 오래되고, 유명하고, 권위 있는 영화 시상식인 아카데미상이 매년 이곳에서 열린다. 영화를 좋아하는 나는 이곳에 꼭 가보고 싶다. 시사회가 열리는 날에는 스타들을 가까이서 볼 수 있을 것이다. 좋아하는 스타들의 손자국에 내 손바닥을 살포시 얹어 보자. 영화 'Pretty Woman'(1990)의 줄리아 로버츠처럼 명품 거리인 로데오를 걸으면서 무엇을 명품이라고 하는지 확인해보자.

미국에서 가장 큰 한인 밀집 지역이 있다. Mid Wilshire street를 중심으로 동서남북으로 한인 기관 및 식당, 쇼핑센터가 있어 LA 안의 또 다른 한국이라고 할 수 있다. 이곳에서는 영어를 할 필요가 없어서 영어가 늘지 않는다고 한다. 7080세대들은 촌스러운 간판들을 보면서 '그때는 그랬었지' 하면서 추억을 떠올릴 수 있다. 리틀 도쿄는 미국 내 최대 규모의 일본 타운으로 1880년에 형성되었다. 차이나타운과 함께 다녀보면 3개국의 차이점을 느끼면서 신기하고 재미있을 것 같다.

볼거리가 흩어져 있어서 투어를 이용할 계획이다. 스타라인 투어(94달러)는 관광지 곳곳을 연결하는 4개 노선버스를 마음대로 탈 수 있다.
라스베이거스나 그랜드 캐니언의 장거리 투어도 하고 있는데 구경하고 다시 LA로 돌아오기는 시간이 아깝다. 라스베이거스에서 그랜드 캐니언을 구경하고 국내선을 타고 시카고로 갈 계획이다.

로스앤젤레스에서 구경하면 좋은 곳

1. 엘 푸에블로 역사 공원 - 로스앤젤레스의 기원이 되는 곳으로 역사 지구에 있다. (1시간 소요)

2. 게티 센터 - 시내가 한눈에 내려다보이는 멋진 박물관이 있다. (2시간 소요)

3. 산타 모니카 해변 - 해 질 무렵에 해변을 산책하며 미국의 태평양을 느껴보자. (1시간 소요)

4. 로스앤젤레스 자연사 박물관 - 1913년에 개관했다. 미국에서 세 번째로 큰 규모를 자랑한다.

5. 5개의 거대 테마파크가 있다. 유니버설 스튜디오, 디즈니랜드, 캘리포니아 어드벤처, 식스 플래그스 매직 마운틴, 노츠 베리 팜.

유니버설은 파리와 일본에서, 디즈니랜드는 파리에서 경험했다. 가족들의 의견을 모아서 한 군데 가야겠다. 사람이 많으므로 주말과 공휴일은 반드시 피해야 한다.

10. 라스베이거스(Las Vegas) 기본 정보와 여행 계획

어렸을 때 서부영화를 즐겨 보았다. 영화 배경의 대부분은 서부 개척 시대였다. 정착 초기였기 때문에 법보다는 총이 가까운 무법천지였다. 권선징악의 스토리로 보안관을 비롯한 정의감이 넘치는 총잡이들이 악당을 제압하는 장면이 재밌고 멋있었다. 커다란 선인장과 잡풀이 있는 황량한 사막을 달리는 카우보이들의 세계에서는 주먹보다 누가 먼저 총을 빠르게 뽑는가에 생사가 달렸다. 이글거리는 태양 아래 모래바람이 부는 황야를 하루 종일 말 타는 것은 힘들었을 것이다. 황혼 무렵 찌든 때의 모자와 머플러에 잔뜩 묻은 흙먼지를 털어내고 찌든 때가 묻은 가죽 물통에 입을 대고 목을 축이는 장면이 인상적이었다.

스페인이 서부 영화의 배경이 되는 유타 주에 산길을 따라 있는 메마른 계곡 속의 깊은 샘에서 물을 끌어들였기 때문에 라스베이거스('초원'이라는 뜻)라는 이름이 붙었다. 1년 내내 비가 거의 내리지 않은 건조한 사막이지만 습도가 낮아 끈적이거나 불쾌한 느낌은 심하지 않고 저녁에 산책하기 좋다.

라스베이거스는 인구 200만 명의 광역도시로 세계에서 가장 큰 도박시설이 밀집해있다. 1885년에 모르몬 교도들이 이곳에 처음 정착했다. 1936년 경제 활성화 정책 사업으로 그 당시로는 세계 최대의 후버댐이 완성되었다. 도박장이 늘어나면서 관광, 환락지로서 주목받게 되어 네바다주의 최대 재원이 되었다. 연중무휴의 독특한 사막 휴양지로서 호화로운 호텔에는 카지노가 있다. 야간에도 많은 관광객으로 '불야성'이라는 별명이 붙을 정도로 밤은 화려한 불빛으로 도시를 밝힌다.

현재는 세계적인 종합 엔터테인먼트 도시가 되었다. 야외분수 쇼는 두바이에 버금갈 것 같다. 매일 밤에는 콘서트, 서커스, 오페라 공연이 펼쳐진다. 무료 공연을 최대한 즐기고 유료 공연도 한 편 관람하려고 한다. 호텔비와 먹거리가 저렴한 것이 마음에 든다. 메인 거리가 생각보다 길다. 선선한 저녁에 야경을 보면서 마실 다니듯이 여유롭게 걸어다니겠다. 뜨거운 햇살이 내리쬐는 낮에는 걸어 다니기에는 만만치 않다. 대중교통수단을 적절히 이용해 관광을 즐겨야 한다.

후버 댐은 5시간이 소요되고, 브라이스 캐니언, 자이언 캐니언, 데스밸리 국립공원 등은 2~3시간 거리에 있다.

라스베이거스에서 구경하면 좋은 곳

1. 벨라지오 실내정원, 분수 쇼 (1시간 소요)

2. 뉴욕 뉴욕 롤러코스터 (1시간 소요)

3. MGM Lion Habitate (1시간 소요)

4. 코카콜라 월드, M&M (1시간 소요)

5. 페리스 또는 코스모폴리탄에서 점심 식사 (2시간 소요)

6. 베네시안 곤돌라 체험 (1시간 소요)

7. 프리몬트 스트리트 전구 쇼 (1시간 소요)

카지노 장에는 도박에 집중하라고 거울, 시계, 창문이 없다고 하던데 진짜 그런지 확인해 봐야겠다. 음악과 TV도 없을 것 같다. 가족 한 사람당 30달러씩 카지노를 경험해 보려고 한다. 블랙잭, 바카라, 포커, 슬롯머신, 룰렛… 혹 운 좋게 잭팟을 터트리면 표정관리를 어떻게 할까? 착각에는 커트라인이 없으니까 기분 좋은 상상의 나래를 펼쳐본다.

11. 그랜드 캐니언(Grand Canyon National Park)과 엔텔로프 캐니언의 기본 정보와 여행 계획

영어 '그랜드'와 러시아어 '볼쇼이'는 '거대하다, 제일 크다'라는 뜻이다. 도대체 얼마나 크다는 이야기일까? 그랜드 캐니언은 옐로스톤, 요세미티 국립공원과 함께 미국을 대표하는 국립공원이다. 애리조나 주 북쪽 경계선 근처의 파리아 강 입구에서 시작하여 네바다 주 경계선 근처의 그랜드위시 절벽까지 이어져 있다. 갈라진 수많은 협곡과 고원 지대를 모두 그랜드 캐니언이라고 한다. 협곡 바깥쪽에 우뚝 솟은 산 사이에 깎아지른 듯한 골짜기의 폭은 0.2~29km이며 길이는 약 443km다.

1919년 이곳을 그랜드 캐니언 국립공원으로 지정했다. 1975년 그랜드 캐니언은 천연기념물, 마블 캐니언 천연기념물, 글렌 캐니언 국립휴양지의 일부 등 주변 지역을 추가해 국립공원의 면적이 더 넓어졌다. 루스벨트 전 대통령은 '인류가 보존해야 할 자연의 선물'이라고 극찬했다.

지구에는 후손들에게 물려주기 위해 보존하여야 할 자연이 많다. 잠시 빌려 사용한다는 생각을 가져야겠다. '소문난 잔치에 먹을 것이 없다'고 하지만 그랜드 캐니언은 사진으로 보았지만 실제로 보면 어떨지 기대가 된다. 혹시 감동의 눈물을 흘리지는 않을까? 매년 약 5백만 명의 관광객이 찾아오는 세계적인 국립공원이다. 방문자의 83%가 미국 국내 여행자다. 그랜드 캐니언 국립공원에서 가장 깊고 아름다운 지역은 파월 호(湖)에서 미드 호(湖)까지 강을 따라 뻗어 있는 약 90km의 협곡이다. 협곡의 전체적인 빛깔은 붉은빛이지만, 각각의 지층은 독특한 색조를 띠고 있는데 황갈색, 갈색, 푸른빛이 도는 회색이다. 노스림은 해발 2,500m로 사우스림보다 365m나 더 높다.

그랜드 캐니언에서 매력적인 것은 장엄함과 아름다움이지만 가장 중요하고 값진 것은 협곡 양쪽 절벽의 암석에 드러나 있는 지구의 역사이다. 지구에서 일어난 지질학적 사건을 광범위하고 심오하게 보존하고 있다는 점에서 그랜드 캐니언과 견줄 수 있는 곳은 지구 어디에도 없다. 콜로라도 강에서 북쪽으로 브라이스 캐니언까지 뻗어 있는 약 7,000m의 바위 절벽은 지구의 역사를 고대부터 최근까지 차례로 보여준다. 그랜드 캐니언의 주변 지역에는 거의 비가 내리지 않는다. 이처럼 메마른 기후가 아니었다면 그랜드 캐니언은 존재하지 않았을 것이다.

국립공원의 South Rim(남쪽 가장자리)이 교통이 편리하고 웅장한 경치를 많이 볼 수 있어서 전체 관광객의 90% 이상이 이곳을 찾는다. 명소들이 모여 있어서 짧은 시간 동안 효율적으로 볼 수 있다. 마더가 대표적인 뷰 포인트다.

세계의 사진작가들이 최고의 절경으로 꼽는다고 하는 엔텔로프 캐니언도 보고 싶다. 사진으로 보았는데 바위의 색감이 지금까지 본 적이 없는 아름다움에 감탄했었다. 커튼의 실루엣 같기도 했다. 직접 보지 않으면 실감할 수 없는 오묘한 곡선으로 이루어진 자연이 만들어낸 환상의 예술품이라고 한다.

사막에 비가 내려 사암층에 빗물이 스며들어 소용돌이를 치며 흘러나가면서 기묘한 곡선의 동굴을 만들었을 것이라고 추정된다. 길이가 약 1km이며 깊이가 10m 되는데 하늘이 뚫려있어 빛이 스며들어 환상적인 모습을 연출해 내고 있다. 태양의 위치에 따라 색깔이 다르게 보일 것 같다.

라스베이거스에서 렌트가보다 버스 투어를 하려고 한다. 라스베이거스에서 사우스 림까지 5시간 소요된다. 1박 2일 일정으로 일몰과 일출의 장엄함을 보고 싶다. 자이언 국립공원은 라스베이거스에서 북쪽 180km에 있다. 자동차로 2시간 40분 거리에 있다. 브라이스 캐니언 국립공원은 라스베이거스에서 북쪽으로 411km에 있다. 자동차로 4시간 30분 거리에 있다.

세도나는 지구에서 가장 강력한 기가 흐른다고 한다. 가벼운 마음으로 찾아가지만, 반드시 다시 찾고 싶어진다는 곳이다. 명상에 관심이 많아서 언젠가는 며칠을 머물고 싶은 곳이다. 기가 센 장소라고 하던데 어느 정도인지 체험하고 싶다. 이곳은 수천 년 전부터 나바호, 아파치, 야바파이 인디언들이 신성시했던 성지다. 라스베이거스에서 5시간 소요된다. 일정상 이곳까지 갈 수는 없을 것 같다.

1985년은 단학선원이 초창기였다. 매일 저녁 선원에서 2년 동안 수련을 했었다.

12. 나이아가라(Niagara Falls) 기본 정보와 여행 계획

산길을 걷고 있는데 갑자기 비가 내린다. 마땅히 잠시 피할 곳이 없고 우산마저 없을 때가 있다. 비를 조금이라도 적게 맞기 위해 우선 뛴다. 시간이 흐를수록 신발과 온몸은 젖어간다. 가야 할 길이 많이 남아 있으면 이왕 버린 몸으로 체념하고 흠뻑 비를 맞으며 천천히 산길을 걷는 것은 색다른 경험이었다.

나이아가라 폭포는 세계 3대 폭포이며 '천둥소리가 나는 물'이라는 뜻이다. 미국과 캐나다의 국경을 이루는데 폭포의 장관을 더 잘 볼 수 있는 곳은 캐나다 쪽에서는 퀸 빅토리아 공원이고, 미국 쪽에서는 아메리카 폭포의 끝에 있는 프로스펙트 포인트와 300m 하류 쪽으로 내려간 계곡에 걸쳐 있는 레인보우 다리다. 나는 웅장한 폭포를 보면서 어떤 감동을 느낄까? 캐나다 쪽 기슭에 있는 폭포 높이는 49.4m이며 너비는 약 790m이다. 오른쪽 기슭에 있는 미국 쪽 폭포 높이 51m이며 너비는

305m이다. 방문객들은 미국 쪽에서는 고트 섬까지 인도교를 통해 건널 수 있고, 폭포 밑까지 승강기를 타고 내려가서 떨어지는 폭포수 뒤의 '바람의 동굴'을 볼 수 있다.

폭포를 중심으로 반경 3~4km 안에 폭포를 즐길 만한 주요 관광시설이 있다. 여름에는 강 하류에서 강 협곡을 따라 운행되는 래프팅 프로그램도 있다. 나이아가라 강 자체가 미국과 캐나다의 국경을 이루므로 관광도 양쪽에서 이루어진다. 강줄기 흐름 상 캐나다 쪽에서만 폭포의 정면 모습이 보이기 때문에 거의 모든 관광 시설이 캐나다 쪽에 집중되었다. 무지개 다리를 건너 캐나다로 들어가는 순간 강변도로를 따라 잔디가 깔린 공원과 전망 타워와 호텔이 있다.

혼 블로어(안갯속의 숙녀)호 크루즈를 타면 떨어지는 폭포를 가장 가까이서 볼 수 있다. 굉음과 함께 세찬 폭포 아래에 있으면 두려운 마음과 함께 오히려 몸과 마음이 상쾌해질 것 같다. 나이아가라 폭포에서 뿜어내는 물줄기를 비처럼 온몸으로 흠뻑 맞을 것이다. 동남아시아 여행을 했을 때 한낮에 잠깐 내렸던 시원한 스콜과 여름철 장마를 생각한다. 폭포는 1년 365일 쉬지 않고 엄청난 물을 쏟아내고 있다. 스카이론 타워 높이는 160m로 52초 만에 전망대에 오를 수 있다.

시카고에서 나이아가라 폭포에 가려면 어떻게 하는 것이 좋을까 생각 중이다.

1. 버팔로까지 그레이하운드를 타고 간다. (10시간 소요)
2. 비행기 타고 간다.(1시간 30분 소요) - 비행요금은 250달러부터 시작하는 데 4인 가족이면 1,000달러가 넘는다.
3. 시카고에서 비행기 타고 뉴욕에 갔다가 한인 여행사를 통해서 패

키지로 구경하고 온다. 바람직한 방법은 아니다.

13. 워싱턴(Washington D.C) 기본 정보와 여행 계획

미국의 역사는 250년이 안 되는데 현재는 넘버 1이 되었다. 그 이유가 무엇일까? 미국에 가면 그 이유를 조금이라도 알 수 있을까? 동부 여행은 미국의 짧은 역사와 번영한 현재의 모습을 볼 수 있다. 아마 이때쯤이면 우리의 몸과 마음이 조금은 지쳤을 테니 여유를 가지고 천천히 여행하자. 남은 짧은 시간이 아쉽지만, 최선을 다해서 볼 것이다. 그러나 '야무지게', '단디', '제대로' 보고 느끼고 생각하며 배우자.

워싱턴(Washington, District of Columbia)은 미국의 수도이며 세계 정치의 심장이다. 자유의 이념을 시민들에게 고취시키려는 취지와 자유의 이상을 표현한다는 이념으로 계획적으로 건설되었다. 한 나라의 수도를 여행하는 것은 어쩌면 다른 집의 안방을 보는 것과 비슷한 것 같다. 그곳은 나라와 집안의 중심이기 때문이다. 워싱턴은 구획도시이며 도보 여행이 가능한 곳이라고 하니 날씨가 좋으면 좋겠다.

더블 덱 2층 오픈 버스는 시내 주요 지점을 운행한다. 30곳의 정류장에서 정차하며 20~30분 간격으로 타고 내릴 수 있다. 1일권은 48달러이며 2일권 59달러인데 굳이 탈 필요는 없을 것 같다. 내가 좋아하고 자주 이용하는 B. M. W를 이용할 것이다(Bus, Metro, Walking).

워싱턴에는 의외로 볼 곳이 많다. 2박 3일 코스로 여유롭게 둘러볼 계획이다.

더 캐슬은 오전 8시 30분에 개장한다. 안내 데스크에서 내셔널 몰에 관한 다양한 정보를 구한다. 한국어로 된 안내 책자가 있다고 한다.

내셔널 몰 스케치 및 항공 우주 박물관 - 국립 자연사 박물관 - 듀퐁 서클 - 다운타운(포드 극장, 파빌리온) - 국립 초상화 갤러리 - 아메리칸 아트 뮤지엄 - 국회 의사당 - 2013년 9월 22일 개장한 세계 최대 규모 국립 우편박물관을 동선으로 생각한다.

초등학생 3학년 때부터 우표 수집을 열심히 했었다. 지금 내 책꽂이에는 우표책 8권이 있다. 새로운 우표가 나오면 아침에 우체국 앞에서 줄 서서 기다렸다가 구입하면 기분이 좋았다. 이후로는 우편으로 배송받았다. 초등학교 4학년 어느 여름에 친구와 함께 우표를 구입하고 돌아오는 길에 비가 내려 흠뻑 젖은 채로 집으로 와서 씻고 이불에 누워서 놀았던 기억이 난다.

조지타운은 트롤리 티켓을 구입하면 다음 날까지 사용할 수 있어 편리하다. - 워싱턴 기념탑 - 엘리스에서 잠깐 휴식 - 링컨 메모리얼 - 한국 전쟁 참전 용사비에서 묵념을 한다.

16개국에서 54,246명의 미군과 628,833명의 유엔군이 사망했다. 자유는 공짜가 아니다. 우리는 그들에게 감사하는 마음을 가지고 영원히 기억해야 한다.

<u>워싱턴 D.C에서 구경하면 좋은 곳</u>

1. 항공 우주 박물관 관람 - 스미소니언 재단 소속 박물관 중 최고봉은 바로 항공 우주 박물관이다. 개관시간이 오전 10시부터 오후 5

시 30분이니 오전부터 관람해야 한다. 워싱턴에는 19개의 박물관과 미술관이 있다. 전시품이 1억4천만 점인데 작품당 1분을 본다고 했을 때 257년이 걸릴 만큼 방대하다고 한다.

2. 워싱턴 기념탑 또는 파빌리온 전망대에서 워싱턴 D.C를 한눈에 보자. 내셔널 몰과 링컨 메모리얼 사이에 자리한 169.3m의 기념탑과 클락타워다. 두 곳 모두 무료로 볼 수 있다.

3. 조지타운에서 산책과 브런치를 즐기자. 한정된 시간에 보고 싶은 곳은 많지만, 공원을 산책하면서 여유 있게 여행하고 싶다. 이곳에서는 어떤 것을 맛있게 먹을까?

4. 국회의사당 투어 - 워싱턴을 대표하는 공공건물인 국회의사당은 인터넷으로 예약하면 관람이 가능하다. 오전 일찍 가서 줄을 서도 입장 할 수 있다.

14. 필라델피아(Philadelphia) 기본 정보와 여행 계획

필라델피아는 미국의 첫 번째 수도다. 1776년 독립선언서를 낭독한 '자유'와 '독립'의 역사적인 도시다. 1681년 영국에서 건너온 윌리엄 펜에 의해 종교의 자유를 표방하였고 그리스어로 '형제 사랑'이라는 의미를 지녔다. 미국 북동부에서 두 번째로 큰 도시이며 미국 전체에서 다섯 번째로 큰 도시이다. 인구는 154만 명이고 광역인구는 605만 명이다. 도심 곳곳에는 식민지 시대에 지은 붉은 벽돌 건물들이 많다. 미국 건국의 역사는 인디펜던스 국립역사공원에 잘 보존되어 있다. 거리와 골목에는 뭔가 의미 있어 보이는 팻말들이 있는데 역사적인 장소에 세워둔다고 한다. 기후는 우리나라와 비슷하여 여름에는 덥고 습한 날씨다.

뉴욕에서 2~3시간, 워싱턴 D.C에서 3~4시간, 시카고에서 18시간 45분, 보스턴에서 9시간 45분 걸린다.

주요 관광지는 시청을 중심으로 한 센트럴시티 지역과 올드시티 그리고 필라델피아 미술관이 있는 페어 마운트 공원 지역에 있다. 볼거리가 보도를 따라 있으므로 쉽게 보인다고 하니 걸어서 다닐 계획이다.

시티 패스(59달러)나 필라델피아 패스(55달러)를 이용하면 입장료가 최대 50%까지 할인된다. 티켓을 끊기 위해 줄을 서야 하는 번거로움과 시간을 절약할 수 있어 편리하다.

메이시 백화점(Macy's Center City)에는 세계에서 제일 큰 파이프 오르간이 7층에 걸쳐 있다. 28,482개 파이프와 436개의 랭크로 구성되어 있다. 대형 화물트럭 13대로 운반하여 설치하는 데만 2년이 걸렸다. 7,100만 달러 이상의 가치를 가졌다고 한다. 1995년 Center City가 메이시 백화점으로 인수되면서 오늘날 백화점의 명물이 되었으며 매일 연주한다고 하니 들으러 가야겠다.

아내는 교회에서 오랫동안 오르간 반주를 했다. 필리핀에서 살면서 많은 성당의 파이프 오르간을 구경하였다. 특히 마닐라에 대나무로 만든 유명한 오르간은 특별한 경험이었다. 러시아에 있는 웅장한 성당에도 어김없이 멋진 파이프 오르간이 있었다. 모스크바에 있는 글린카 음악 박물관에서는 1901년, 1909년에 생산된 스타인웨이 피아노를 안내하는 할머니의 배려로 아내가 연주했었다.

필라델피아에서 구경하면 좋은 곳

1. 올드 시티안에는 인디펜던스 홀(Inderpendence Hall)이 있다. 1776년 7월 4일의 독립선언을 한 장소다. 1787년의 헌법제정회의의 무대가 된 미합중국의 상징으로 가장 유명한 관광명소다. 내부에는 헌법을 기초한 회의실(Assembly Hall)과 독립 당시 사용하였던 물건들이 전시 되어 있다. 홀 동쪽에 있는 건물은 1789년에 세워진 옛 시청사(Old City Hall)가 있다. 1791~1800년에는 미국 최초의 재판소로 사용하였다.

2. 자유의 종(Liberty Ball)은 인디펜던스 홀 북쪽에 있으며 독립 선언 때 울려 퍼졌던 것으로 유명하며 '법과 정의의 상징'이라고 불린다. 무게 약 45kg, 높이 1.6m인 이 종의 이름은 성서에서 인용한 '온 나라의 국민에게 자유를 선언하노라.'라는 구절이 종에 새겨진 것에서 유래하였다. (2시간 소요)

3. 필라델피아 미술관(130년이 넘는 역사) - 이스턴 주립 교도소(알 카포네 수감)

4. 국회의사당(Congress Hall)은 홀 서쪽에 있으며 1790년부터 1880년에 걸쳐 건국 후 미국 최초의 연방의회가 열렸던 곳이다. 조지 워싱턴이 즐겨 사용하였던 '대통령의 의자'도 전시되어 있다.

5. 프랭클린 코트(Franklin Court)는 자유의 종에서 동쪽으로 2블록에 있다. 벤저민 프랭클린이 소유하고 있던 5채의 집을 수리하여 보존하고 있다. 인쇄소와 제본소, 우체국이 있다. 특히 인쇄소는 18세기 당시의 모습을 여전히 간직한 채 지금도 가동되고 있다. 지하의 박물관에서는 프랭클린에 관한 영화를 상영하고 있다. 프랭클린 과학 박물관은 1934년 개장하였는데 미국에서 가장 오래된 박물

관이다.

6. 로댕 미술관(Rodin Museum)은 프랑스의 조각가 로댕의 작품 122점을 소장하고 있는 미술관으로, 로댕 컬렉션으로는 파리에 이어 세계에서 두 번째로 크다. 입구에는 로댕의 걸작 '생각하는 사람'이 있다. 나무들에 둘러싸인 하얀 건물 속에 '지옥의 문', '칼레의 시민' 등 유명한 작품들이 다수 전시되어 있다(위치: 22nd St. & Benjamin Franklin Parkway, 오픈 : 10:00am~4:00pm, 월요일은 휴관 입장료는 유료).

7. 시청을 중심으로 한 센터 시티는 평일 오후 4시 15분까지 입장 가능하며 전망 탑에 올라갈 수 있다. 1987년까지 가장 높은 건물이었다. 도시 여행을 하면 시청에는 꼭 가보라고 한다.

8. South street에 있는 리딩 터미널 마켓은 필라델피아 대표적인 시장이다. '필리 치즈 스테이크'를 비롯해 소울 푸드(추억의 음식) 등 여러 음식을 먹을 수 있다. 과일과 식료품도 파는 실내 마켓이다. 항상 사람들이 북적인다. 특히 관광객들이 많이 방문한다고 한다. 시장 중앙에 음식을 먹을 수 있는 공간이 있다. 스테이크를 비롯해 식품 가격이 저렴하다고 한다.

1993년에 개봉한 미국 영화 '필라델피아'를 인상 깊게 보았다. 개인적으로 톰 행크스의 능청스럽고 자연스러운 생활 연기를 좋아한다. AIDS에 걸린 사실이 밝혀지면서 회사에서 해고된 동성애자인 변호사 앤드루 베케트 역을 소화한 톰 행크스에게 첫 아카데미 남우주연상을 안겨주었다.

15. 뉴욕(New York) 기본 정보와 여행 계획

미국 횡단 여행의 마지막 도시는 뉴욕이다. 미국 최대의 도시로 경제와 문화의 중심이다. 세계에서 4번째로 인구가 많은 도시이다. 미국 하면 뉴욕을 떠올릴 만큼 보고 싶은 것이 많기 때문에 기대된다. 많은 사람들이 뉴욕이 미국의 수도인 것으로 잘못 알고 있다.

우리나라보다 14시간 늦다. 3월 둘째 일요일부터 11월 첫째 일요일까지 서머타임을 실시해 13시간 차이가 난다. 뉴욕은 한국과 거의 비슷한 기후로 사계절이 뚜렷하다. 여름에는 기온이 30℃를 넘지만, 습도가 낮아 그늘에 들어가면 서늘함을 느낀다. 강과 바다로 둘러싸여 날씨 변화가 크고 국지성 소나기가 자주 내린다. 미국에서도 뉴욕식 영어라는 말이 있듯이 독특한 발음과 표현이 있다. 전반적으로 다른 지역에 비해 속도가 빨라 처음 뉴욕식 영어를 들으면 적응하기가 어렵다.

아메리칸 드림의 상징인 자유의 여신상의 정확한 이름은 '세계에 빛을 비추는 횃불을 든 자유의 신상'이다. 높이는 46m인데 밑의 기단까지 포함하면 93m다. 발밑에는 노예 해방을 뜻하는 부서진 족쇄가 놓여 있다. 치켜든 오른손에는 횃불을 들고 있고 왼손에는 '1776년 7월 4일' 날짜가 새겨진 독립선언서를 들고 있다.

세계 뮤지컬의 중심인 브로드웨이에서 공연을 보고 싶다. '지저스 크라이스트 슈퍼스타', '캣츠', '오페라의 유령', '레미제라블', '미스 사이공', '맘마미아' 익숙한 이름이다.

시티 패스는 6가지 볼거리의 입장료가 포함된 패스이다. 뉴욕 익스플로러 패스는 52가지 볼거리 중 3, 5, 7, 10가지를 선택해 할인된 가격에 이용할 수 있다. 뉴욕 패스는 80가지 볼거리 중 저렴한 가격에 이용할 수 있다. 1일 109달러, 2일 189달러, 3일 239달러이다.

9.11 메모리얼 기념탑도 가보고 싶다. 2001년 9월 11일 헬스장 러닝 머신 위를 열심히 달리고 있었다. TV에서 갑자기 영화와 같은 장면이 나왔다. 뉴욕 마천루의 상징인 세계무역센터에 알카에다 테러리스트들이 납치한 두 대의 여객기가 충돌했다. '어 ~~ 어떻게 이런 일이….' 충격이었다.

<u>뉴욕에서 구경하면 좋은 곳</u>

1. 자유의 여신상 (3시간 소요)
2. 월 스트리트 (30분 소요)
3. 메트로폴리탄 박물관 (5시간 소요)
4. 센트럴 파크 - 재즈를 좋아하는 나는 루이 암스트롱을 떠올린다. 여름에 셰익스피어 작품이 무료로 공연되는 연극 페스티벌이 열린다. 잔디밭에서 편하게 공연을 보면 좋겠다.
5. 5번가 - 영화 배경으로 자주 나오는 거리다. 성당과 미술관, 록펠러 센터가 있다. (2시간 소요)
6. 타임스 스퀘어 - 현기증 날만큼 요란한 전광판들이 화려한 빛으로 멋지다고 하니 반드시 밤에 가야겠다. (1시간 소요)

16. 미국 전자여행허가 비자 ESTA(Electronic System for Travel Authorization) 발급 신청

푸른 별 지구에는 몇 나라가 모여 살고 있을까? 전체 국가는 237개국이며 국제법상 인정된 국가는 242개국(비 독립국 포함)이 있다. UN 회원국은 193개국이고 한국이 수출하는 나라는(통계청 수치) 224개국이며 코카콜라가 판매되는 나라는 199개국이다.

비자는 방문하고자 하는 나라에서 외국인에게 입국을 허락한다는 허가증이다. 허용된 기간 동안 그 나라에 체류할 수 있다. 그 기간을 넘어가면 불법 체류자가 된다. 대한민국 여권을 가지고 있으면 기간의 차이는 있지만 121개국에 비자 없이 갈 수 있다. 순위를 보면 우리나라 여권의 위상이 높다.

미국은 2009년 11월 17일 대한민국에 대해 비자 면제 프로그램(VWP)을 실시하고 있다. 대부분 사람들은 미국은 무비자협정으로 따로 비자를 신청할 필요가 없다고 생각한다. 그러나 미국에 입국하려면 '미국 전자여행 허가제'를 신청하고 허가를 받아야 한다. 비자 면제국이라면서 전자여행 허가증이 왜 필요한 것일까?

ESTA는 미국 정부의 전자여행 허가를 뜻한다. 미국 방문 희망자는 출국 전 최소 72시간 전까지는 꼭 신청해서 발급받아야 한다. 혹 보류될 수 있으니 일찍 준비하는 것이 정신 건강에 좋다. 승인을 한 번 받으면 2년 동안 유효하다. 최대 90일까지 여러 번 여행할 수 있다.

일단 준비하자.

1. 여권

2. 국내 주소는 '네이버'에 영문 변환을 해서 알아두자.

3. 해외에서 사용할 수 있는 신용카드, 미국 체류 주소(호텔 가능)와 전화번호.

4. 부모님 영문 이름도 알아두어야 한다.

공식 ESTA 웹 사이트에 접속하자.

https://esta.cbp.dhs.gov/esta/application.html?execution=e1s1

접속하여 들어가니 메인 화면 위에 자유의 여신상이 있다. 영어가 아니라 한글로 되어 있어서 부담이 적다. 화면 우측에 신규신청서를 클릭한다. 가족 여행이기 때문에 그룹 신청서를 작성했는데 개인 신청서가 편하다. 원하는 사항을 입력하고 '확인 & 계속'을 클릭하면 다른 화면이 나타난다.

2016년 이맘때, 시베리아 횡단 기차 예매를 한 기억을 떠올리며 알파벳과 숫자 하나하나를 확인하면서 입력했다. 신청인 정보는 특별히 신경 써서 잘 입력해야 한다. 철자 하나라도 틀리면 입국을 하지 못하는 불행한 일이 일어날 수 있으므로 몇 번 확인한다. 자격 요건 질문은 읽어보면 알겠지만 아마 많은 사람들이 해당 사항이 없으므로 '아니오'를 선택하면 된다.

신청서를 제출하기 전 신청서 검토하기 단계가 있다. 여권정보 등 본인의 정보가 틀린 것 없이 정확하게 입력되었는지 다시 확인하는 단계다. 이 페이지에서 '오류'라고 하면서 다시 첫 화면으로 되돌아갔다.

'뭐가 오류라는 거지?'

다시 꼼꼼히 확인하니 '아니오' 하나를 클릭하지 않았다. 다시 이곳으로 와서 클릭했지만, 또다시 오류가 뜬다.

'이런…'

마지막 주소 칸에 단어를 많이 적었다고 한다.

'까다롭게 하는군.'

신청서를 다시 한 칸씩 검증하는 단계다. 본인의 여권 정보를 다시 입력하고 난 뒤 다음을 눌러준다. 모든 정보가 확인이 되면 'Reviewed'라고 체크가 된다. 확인이 되지 않으면 다음 절차로 진행되지 않으니 참고하기 바란다.

'야호! 드디어 마지막 단계다.'

카드 번호, 카드 종류, 유효기간, 카드 소유자의 영문 이름을 바르게 작성한다. 결제하기를 누르면 끝이다. 결제 금액은 수수료를 포함하여 총 14달러다. 다시 한 번 꼼꼼히 확인했다. 결제는 한번 만에 끝냈다.

어떤 사람은 스페인 대행 사이트로 잘못 들어가서 79달러를 지불했다고 한다. 대행사에 맡기면 편리하지만 5만 원의 비용이 든다. 웬만하면 직접 하자. 이것도 사전 여행의 준비 과정이다. 결제를 마치면 허가 승인과 결제 영수증 페이지가 나타난다. 증거로 남기기 위해 핸드폰으로 찍었다. 이렇게 아내, 효준, 효은이의 것을 순서대로 반복 입력하여 신청했다.

'휴, 또 하나의 작은 산을 무사히 넘었다.'

미국 입국할 때는 모두 전산처리가 되었기 때문에 허가증을 출력하여 따로 챙겨갈 필요는 없다. 그러나 혹시 전산 오류가 생길 줄 모르니 챙겨 갈 것이다.

2004년부터 2007년까지 필리핀에서 살았었다. 한 달에 한 번씩 비자를 번거롭게 다시 받아야 했다. 한인들 대부분은 이민국 직원들의 불친절과 비자를 발급받기 위해서 이민국에서 하루를 보내야 하는 불편함으로 브로커에게 맡긴다. 아침 일찍 1시간을 운전해서 이민국에 가서 신청서를 작성하고 여유를 가지고 순번을 기다려야 한다. 몇 시간을 기다렸다가 창구에 제출하여 신청한다. 가까이에 있는 차이나타운에서 DVD를 구입하고 시장 구경하면서 점심 식사를 했다. 오후 늦은 시간에 비자 도장이 찍힌 여권을 찾을 수 있었다. 고생스럽지만 내가 직접 하면 4인 가족의 비자 대행 수수료를 절감할 수 있고 그 돈으로 해산물 파티를 할 수 있었다.

17. 캐나다 전자여행허가 비자 eTA(Electronic Travel Authorization) 발급 신청

'전자 여행 허가증(eTA) 신청이 승인되었습니다. 이제 당신은 항공편으로 캐나다로 여행을 갈 수 있습니다.'

'Expiration : 2022/06/20'

http://www.cic.gc.ca/english/visit/eta-start.asp

한국은 캐나다의 '비자 면제 프로그램 대상국'으로서 관광이나 학업 목적으로 방문할 때 6개월간 비자 없이 방문하여 체류할 수 있다. 그러나 미국과 마찬가지로 신청하고 승인을 받아야 하는 것이 있다. 캐나다 eTA는 Electronic Travel Authorization의 약자로 '전자여행허가'다. 엄밀히 말해서 비자가 아니고 비자에 준하는 역할(입국 허가)을 한다. '캐나다 전자비자'라고 부른다.

비행기를 타고 캐나다로 입국하거나 캐나다를 거쳐 환승하는 경우에 한해서 2016년 3월 15일부터는 캐나다 도착 전에 전자여행허가 eTA를 받아야 한다. 웃기는 것은 육로나 배로 캐나다에 입국하는 경우는 기존처럼 6개월간 비자나 eTA가 없어도 입국할 수 있다. 한번 신청으로 5년간 유효한 전자비자 eTA를 받는다. 단, 5년 이내에 여권 유효 기간이 만료되면 여권과 함께 eTA도 만료된다. 참고로 미국 ESTA는 유효기간이 2년이고 14달러다.

여권에 있는 내용으로는 영문 성/영문 이름/생년월일/성별/여권 번호/발급 날짜/만료 날짜가 필요하다.

여권에 없는 내용으로는 태어난 곳/결혼여부/직업/이메일 주소/거주지 주소 등이 필요하다. 영문 주소는 네이버 영문 주소 변환을 해서 적어두면 편하다.

eTA 신청비(7 CAD)를 결제할 신용카드(비자, 마스터, 아멕스)를 준비해야 한다. 공인인증서 없이도 결제가 가능하고 다른 사람 카드도 가능하다. 최대 3일(72시간)의 시간이 소요된다고 하는데 난 10분 만에 승인되었다. 여권 정보는 스펠링이나 숫자가 틀리지 않도록 주의해서 기입해야 한다.

미국 ESTA를 신청해봤기에 금방 작성했는데 또 오류란다.
'이런…'
주소를 적을 때 동 호수 사이에 '-'를 적었더니 안 되고 공백만 가능하단다.

미국 ESTA는 hanmail.net으로 신청했었다. 그런데 72시간이 지나도 승인 메일이 오지 않았다. 은근 걱정되었다.

'이런 뭐가 잘 못 된 것일까? 이러다가 미국 못 가면 어떻게 하나?'

ESTA 홈페이지에 방문해서 신청번호를 입력하여 승인된 것을 확인했다. 이번에는 gmail.com을 사용했다. 부킹닷컴, 스카이스캐너 등 외국과의 소통은 gmail.com을 쓰고 있다.

신청 후 결제가 완료되고 나면 신청이 제대로 되었는지, 신청번호가 어떻게 되는지 전혀 확인할 수 없다. 신청 내역을 확인하기 위해서는 캐나다에서 보내는 확인 메일을 통해서만 가능하다. 어떤 이유로든 3일 이내에 E-mail을 받지 못하면 승인 여부를 확인할 수 없기에 신청비만 날리고 재신청을 해야 하는 상황이 발생할 수 있다.

미국 ESTA 비자의 경우 여권은 필히 여권 번호가 M으로 시작하는 전자여권이어야 하지만 캐나다 eTA 비자의 경우에는 전자여권이 아니라도 신청이 가능하다. 대행사에 신청하면 30,000원이며 일주일이 소요된다. 내가 직접 신청하니 약 6,500원 결제 후 10분 만에 승인받았다. 수수료 절약한 돈으로 가족이 맛있게 소고기 사 먹어도 될 것 같다.

18. 국제학생증 ISIC

어딘가에 소속된다는 것은 어떤 의미일까?

해외여행을 하기 위해서는 본인의 신분을 합법적으로 증명할수 있는 것을 가지고 가는 것이 좋다. 여권이면 충분하다. 학생은 국제학생증을 챙겨가면 더 좋다. 국제학생증은 ISIC 카드와 ISEC 카드 두 가지가 있다.

국제학생증이란 세계 어느 나라에서나 학생임을 증명할 수 있는 신분 증으로 항공권, 기차, 버스 등 교통수단은 물론 관광지 입장료 할인이 나 환전 우대 등 다양한 혜택들을 받을 수 있다. 유럽과 러시아에서는 할인 혜택을 많이 받았었다. 미국에서는 할인 혜택이 별로 없다고 한다. 그러나 발급비 17,000원을 지급하여 여행자 보험료 할인을 더 받았다. 나와 아내는 6만 원대이지만 효준이와 효은이는 2만 원이 안 된다. 그것 만 해도 신청하는 것이 유리하다. 온라인으로 신청했다. 오래전 태국 방 콕 카오산 로드에서는 누구나 국제학생증을 만들어 주었다.

대한민국 국민이면 받을 수 있는 여권이 누구에게는 발급받기가 어려 울 수가 있다. 현재 우리나라의 위상이 높아져서 여권이 높은 가격에 거 래되고 있다고 한다. 해외여행할 때는 여권을 분실하지 않도록 주의해야 한다. 만일을 대비해서 여권 복사본과 사진을 준비하는 것이 좋다.

19. 환전 수수료 절약하기 - i-ONE 뱅크 & 씨티 국제 체크카드

해외여행을 하면 그 나라 화폐가 필요하다. 사람들이 많이 방문하는 나라는 한국에서 환전할 수 있지만 그렇지 못한 나라는 달러로 환전하 고 그 나라에 도착해서 그 나라 화폐로 환전을 해야 한다. 번거롭고 수수료가 이중으로 든다. 100달러를 좋은 환율로 환전할 수 있다. 환전 수수료가 만만찮다. 공항 환전소가 가장 비싸다. 유럽이 EU로 통합되기 전에는 나라마다 환전을 해야 했다. 남은 돈은 기념으로 가지고 있다. 환율은 몇 시간마다 바뀐다. 달러 환율과 캐나다 달러 환율의 지난 3년간의 차트를 보니 몇 달 사이에 많이 올랐다. 환율이 떨어진 시점에 사는 것이 돈 버는 것이다.

2017년 7월 6일 현재 달러환율 기준 금액은 1,173원이다. 대구은행은 50% 우대를 받아서 1,163원, 농협은 1,171원이다. 스마트폰에 'i-ONE 뱅크' 앱을 설치하여 신청하고 가상계좌에 30분 이내에 입금한다. 기업은행에 찾아가서 문자 확인을 보여주면 수수료 90%를 할인해 준다. 1,153원에 샀다. 500만 원을 환전하면 76,115원이 절감된다. 단점은 하루에 100만 원 이하만 가능하므로 며칠 동안 은행을 방문해야 하는 수고로움을 해야 한다.

씨티 국제 체크카드를 사용할 때는 1달러의 인출 수수료와 인출액의 0.2% 네트워크 수수료만으로 한국 계좌에 있는 본인의 돈을 현지 화폐로 출금할 수 있다.

'citi' 마크가 있는 ATM기에서 300달러를 인출할 때 1,750원의 수수료만 지불하면 되는 장점이 있다(환율 1,100원 기준). 하지만 씨티은행의 해외 점포망이 줄어들면서 씨티은행 지점이 아닌 다른 제휴 ATM을 이용하면 기본 인출 수수료는 2,000원으로 오르고, 네트워크 수수료도 인출액의 1.0%로 상승하게 된다. 예를 들어 500달러를 인출할 경우 씨티은행 ATM에서는 2달러만 내면 되지만, 제휴 ATM에서는 2,000원에 5달러를 추가로 부담해야 한다.

한국에서 i-ONE을 통해 환전하여 수수료 90%를 인하 받는 것과 미국과 캐나다에 가서 씨티 체크카드로 인출하는 것 중에 어느 것이 유리한지 현재로서는 알 수 없다.

500만 원을 환전하고 씨티 체크카드로 미국과 캐나다에서 인출하려고 한다. 이제 모든 준비를 마쳤다. 작년에는 출발하기 이틀 전에 공항 리무진을 예매하려고 하니 남은 좌석이 없다고 해서 가슴이 철렁했다. 이번에는 한 달 전에 인천공항 가는 공항 리무진 버스를 예매했다.

시베리아 횡단 기차 여행에서는 암묵적으로 각자의 분담이 있었다. 이번 여행에도 각자의 맡은 역할을 할 것이며 아이들에게 도시별로 가이드를 맡겼다. 스스로 공부하고 앞장서서 안내하기를 기대한다.

인천 - 타이베이 - 밴쿠버 - 시애틀 - 샌프란시스코 - 요세미티 국립공원 - 로스앤젤레스 - 라스베이거스 - 그랜드 캐니언 - 라스베이거스 - 시카고 - 버펄로 - 나이아가라 폭포 - 버펄로 - 워싱턴 - 필라델피아 - 뉴욕 - 타이베이 - 인천

한정된 기간의 여행이다 보니 여행 일정을 짜는데 수정이 많았다. 부킹닷컴에서 숙소를 예약했다. 할인을 많이 한 숙소는 날짜 변경을 하면 취소수수료를 숙박비만큼 내야 한다. 왜 그렇게 하지? 도시 간 이동 거리가 멀기 때문에 처음 계획보다 비행기를 많이 탈 것 같다.

여행은 언제나 설렘과 기대가 있다. 이번 여행에서는 어떤 경험을 하고 어떤 만남이 있을지 기대된다. 귀국 길에는 감사의 마음이 가득하기를 바란다. 가족 모두 건강하게 멋지고 행복한 여행이 되기를 기도한다.

예상치 않게 캐나다 동부도시 패키지 투어를 하게 되었다. 쾨벡의 매력에 끌렸다. 처음 여행계획에서 변경이 생겼다.

인천 - 타이베이 - 밴쿠버 - 시애틀 - 샌프란시스코 - 로스앤젤레스 -라스베이거스 - 엔텔로프 캐니언 - 홀슈밴드 -그랜드캐니언 - 토론토 - 킹스턴 - 오타와 - 몬트리올 - 쾨벡 - 나이아가라 폭포 - 필라델피아 - 워싱턴 - 뉴욕 - 타이베이 - 인천

ⓘ Tip

캐나다는 씨티은행 ATM기가 없어서 다른 은행 ATM기로 인출하여 수수료가 생각보다 많이 나왔다. 한국에서 달러와 캐나다달러로 환전해 가는 것이 좋다. 이제 씨티카드는 미국 여행이 아니면 수수료 절약의 이득이 없어졌다.

20. 짐 꾸리기

여행을 하기 위해 짐 꾸리기는 번거로운 일이다. 그러나 집을 떠나 짧든 길든 생활을 해야 하기 때문에 필요한 것은 챙겨야 한다. 대부분 사람은 최소한 짐과 돈만 가져가기를 원한다. 하지만 현실은 그렇지 못하다. 이유는 경비 절약이다. 일단 나가서 필요한 것이 없을 때는 구입해야 하므로 돈이 든다. 여행 초보자는 캐리어 공간이 여유가 없을 때까지 빼곡하게 최대한 많이 챙겨 가져간다. 이것도 필요하고 저것도 필요할 것 같다. 그러나 여행 가보면 의외로 사용하지 않고 그대로 가져오는 물품이 많다. 무거운 짐의 무게만큼 자유가 줄어든다. 반면에 평소에는 사용하지 않지만 나가서는 요긴하게 사용하는 경우도 있다. 오래된 속옷, 낡은 수건, 유행이 지난 옷은 현지에서 한 번 사용하고 홀가분하게

버리고 오면 된다. 최소한 일회용보다 훨씬 낫다.

눈에 보이는 물품도 필요하지만 정작 필요한 것은 마음의 준비다. 여행하면서 보이는 풍경과 더불어 냄새와 소리도 들으려고 한다. 내면의 소리에 조용히 귀를 기울여 들을 것이다.

또 시간에 쫓기거나 바쁜 마음에 제대로 구경 못 하는 경우도 있다. 조금 여유를 가지고 가끔 한 템포 쉬었다가 보는 것도 돌아와서 후회를 적게 하게 된다. 눈으로 보고 가슴으로 경험한 것들을 자주 메모할 것이다. 여행지에서의 걸음마다 오감을 최대한 열어서 많은 것을 느끼고 담고 싶다.

여권, 여권 복사본, 여권용 사진, 비행기 이-티켓과 호스텔 예약확인서, 캐리어 3개, 35ℓ 배낭, 카메라 가방, 손가방, 가이드 북, 카메라, 렌즈, 노트북, 충전기, 보조 배터리, 이어폰, 선글라스, 모자. 선크림, 3단 우산, 비옷, 운동화, 샌들, 스포츠 타월, 수건, 세면도구, 긴 남방, 짧은 셔츠, 긴 바지, 반 바지, 얇은 점퍼, 속옷, 햇반, 라면, 컵라면, 간식, 커피믹스, 맥가이버 칼, 개인위생용품, 감기약, 아스피린, 정로환, 진통제, 인공 누액, 눈약, 후시딘, 대일밴드, 구내염약, 모기약

작년에 비해 짐이 많이 줄었다.

잊어버리고 안 챙겨가서 아쉬웠던 것은 수영복이다. 더 가져가면 좋았을 것은 햇반과 일회용 국이다.

2 캐나다 서부와 미국 서부 여행

타이베이

21. 타이베이에서 환승

7월 13일 오후 12시 공항 리무진을 타기 위해 설레는 마음으로 기다렸다. 선교단체에서 온 듯한 덩치 큰 흑인 8명의 짐이 상당하다. 옆 좌석에 있으니 벌써 미국에 온 듯하다. 휴게소에 주렁주렁 달린 박이 신기한 듯 무엇인지 묻고는 사진을 찍었다. 인천공항에 도착하여 주민등록증을 발급받은 지 30년이 지났기 때문에 자동출입국심사 사전등록 신청을 했다. 출국 수속을 하기 위해 많은 시간을 기다리지 않아도 된다. 자동 출입국 심사대에선 전자여권과 지문 인식만으로 바로 출국 수속을 할 수 있다. 세상은 점점 편리해진다. 남은 시간 만큼 여유 시간이 많아야 되는데 사람들은 시간이 없다고 한다. 저녁 7시 45분 에바 비행기를 타서 1시간 30분 만에 환승하기 위해 타이베이에 도착했다. 생각보다 빨리 도착했다. 대만은 가까이에 있는 친근감이 느껴지는 이웃 나라다. 요즘 인기가 좋아져 많이 찾는 나라가 되었다.

비행기에서 내리니 열기가 전해진다. 공항은 넓고 깨끗하고 조용하다.

환승 대기 시간이 2시간 20분으로 짧은 머무름이다.

밖에 나가지 못한 아쉬움을 달래기 위해 공항 여기저기 구경한다. 공항 자판기에 캔 콜라 가격이 750원이다. 한 켠에 안마 의자가 5개가 있고 안마를 하고 있다. 우리나라 온천에 있는 것과 비슷하여 쳐다보니 안마하고 있던 중국인 아저씨가 웃으며 코인 하나를 주어 공짜로 안마를 했다. 물어보니 환승객에게 서비스로 주는 프리코인이었다. 귀국할 때도 환승하기 위해 머물렀을 때 공항 안내소에서 프리코인을 받아 같은 장소에서 같은 안마를 받으면서 여행 첫날을 떠올렸다.

밤 11시 50분 밴쿠버로 가는 비행기에 설렘과 기대를 가지고 오른다. 비행기는 철저하게 돈으로 좌석이 세 등급으로 나뉜다. 좌석별 가격 차이는 엄청나다. 영화 '설국열차(2013)'가 생각났다. 돈이 없는 우리는 세 번째 칸으로 간다. 알베르트 슈바이처(1875~1965)는 일부러 3등 기차를 타고 다녔다고 하면서 스스로 위안해보지만 씁쓰레하다. 에바 항공은 국제선인데도 좌석 간격은 좁았다. 더군다나 내 좌석은 중간 4좌석 가운데 중간 좌석이었다. 여행 일정 변동으로 예약을 늦게 하였고 지정좌석을 선택할 때 통로 좌석은 없었다.

오른쪽 좌석에는 깐깐하게 생긴 중년의 중국계 아저씨가 앉아 있다. 밤이 깊었기 때문에 승객들 대부분은 불을 끄고 자는데 자기 좌석만 불을 켜고 신문을 읽는다. 앞좌석에는 갓난아기가 계속 칭얼거렸다. 덕분에 근처에 앉아 있는 여행객 모두 불편한 시간을 감내해야 할 것이다.

'아, 힘든 비행이 되겠구나. 그래 열 몇 시간만 견디면 되는 거야' 생각하며 마음을 편하게 먹었다.

"비프? or 치킨?"을 묻지 않고 기내식을 바로 준다. 선택하는 고민의 즐거움을 빼앗긴 기분이다. 알루미늄 호일을 벗기는 순간 중국 음식 특유의 냄새가 난다. 오래전 대만 여행하면서 겪었던 많은 일들이 떠올랐다. 후각은 잊고 있었던 추억이라는 이름으로 저장된 공간의 문을 여는 열쇠인 것 같다. 중국 음식답게 기름기가 있어 조금 니글거렸지만, 배고픔을 반찬으로 삼아 맛나게 먹었다.

"아빠가 세계여행 다닐 때도 지금처럼 기내식의 메뉴는 비프와 치킨이었다. 그 당시에는 2개를 먹었는데 지금은 한 개로 족하구나."

요즘은 탑승객 숫자만큼만 준비한다고 하면서 더 주지도 않았다. 하긴 무료 수화물 무게도 줄이는 팍팍한 현실이다.

스마트폰에 다운받은 케이블 드라마 '보이스' 1편부터 7편까지 봤다. 비몽사몽 잠깐 잠을 잤다.

드디어 밴쿠버에 도착했다. 여전히 13일 저녁 7시 50분이다. 한국과 캐나다는 16시간의 시간 차이가 있다. 하루를 번 느낌이다. 그러나 귀국할 때는 고스란히 시간을 반납을 해야 한다. 역시 세상에는 공짜가 없다. 태평양을 건너온 캐나다에서는 어떤 만남이 우리를 기다리고 있을까?

인천공항 자동출입국심사 등록장소

위치: 여객터미널 3층 체크인 카운터 F 구역 맞은편
운영시간: 06:30~19:30(연중무휴)
문의번호: 032)740-7400

만 19세 이상인 대한민국 사람은 자동출입국심사 사전등록을 할 필요 없이 그냥 이용이 가능하다. 단, 미성년자(만7세~18세)는 따로 부모와 동반을 해서 사전등록이 필요하다(신분증+가족관계증명서).

단 개명 및 인적사항이 변경된 사람과 주민등록증(신분증) 발급 후 30년이 지난 사람은 사전 등록이 필요하다.

자동출입국심사는 유효기간이 없이 평생 사용이 가능하다.

밴쿠버

22. 밴쿠버와 기분 좋은 만남

장거리 비행을 오랜만에 했는데 생각보다 많이 힘들지는 않았다. 지인은 비즈니스석에 앉아가도 장거리는 힘들다고 했다. 난 비즈니스석에 앉아가면 훨씬 편할 것 같다. 언젠가는 퍼스트 클스래석을 타고 여행할 날이 오겠지. 공항 로비에는 천하대장군과 비슷하게 생긴 커다란 토속 목각 조각 두 쌍이 우리를 반기는 것 같다.

입국 심사대가 따로 있는 것이 아니고 기계가 여러 대 있었다. 한국어를 선택하는 문구가 반가웠다. 원하는 내용을 입력했다. 증명사진을 찍었는데 이상하게 나왔다. 다시 찍었더니 내 사진만 두 장 나왔다. 안내 직원에게 어떡하면 되는지 물으니 괜찮단다. 하긴 동양인 얼굴을 구분하겠는가? 입국 통로 끝에 서 있는 직원이 여권 사진과 나와 효준이를 보더니 그냥 통과다. 어떤 질문도 없다. 나와 효준이와 사진 속의 동일 인물인지도 모르는 것 같았다. 어쩌면 형식적인지도 모르겠다.

예상밖으로 너무 간단하게 캐나다에 입국했다. 두 개의 캐리어는 도착한 지 40분 후에 나왔다. 예약한 숙소 주인에게 저녁 7시 30분에 공항에 도착한다고 했었다. 고맙게도 픽업 나온다고 했는데 지금 밤 9시다. 아직 기다리고 있을까? 출국 라운지에 서서 주위를 둘러봐도 내 이름을 적은 피켓을 든 사람은 보이지 않았다.

안내하시는 할아버지에게 숙소 주소를 보여 주며 어떻게 찾아가면 좋을지 물었다. 공항에서 약 5km 떨어졌는데 택시요금은 비싸니 스카이 트레인을 타고 가라고 알려주셨다. 혹시 숙소에 전화해 줄 수 있겠는지 물었다. 본인보다 안내를 더 잘 하는 할머니를 소개해 주신다. 여행 안내소로 가서 전화하니 공항 밖에서 기다리고 있단다. 착하게 생긴 중국인 아저씨다. 공항 주차요금이 비싸기 때문에 1시간 30분 동안 공항 주변을 빙글빙글 돌았다고 한다. Gmail로 공항 밖에서 기다린다고 보냈다고 하는데 내 Gmail에는 들어오지 않았다. 어쨌든 미안하고 고마웠다.

숙소에 도착하고 보니 주택단지안에 연립주택 형식의 3층 건물인데 깔끔하고 조용했다. 스카이 트레인역에 내려서 20분 걸어서 도착하는 곳이고 처음 찾아가기 쉽지 않은 곳에 있었다. 덕분에 쉽고 편하게 잘 도착했다. 투숙객인 중국인 부부와중국인 아가씨에게 인사를 했다. 9시 30분이 넘었지만 캄캄하지는 않다. 저녁 산책하러 나섰다가 슈퍼마켓 위치를 물으러 다시 돌아와 초인종을 누르니 처음 보는 아저씨가 나온다.

"하이. 주인을 불러주세요"

"내가 주인인데요?"

"네? 아닌데 조금 전에 다른 사람과 이야기 했었는데?"

"내가 이 집 주인이라니까요."

'어떻게 된 일이지?'

예상하지 못한 황당한 경우에 서로 당황하여 얼굴만 쳐다보고 있다.

정신 차려보니 현관 인테리어가 조금 전 하고 달랐다. 바로 옆집이다. 똑같이 생긴 현관들이라 착각했다. 미안하다고 말하면서 서로 안도의 웃음을 웃었다.

20분 걸어서 24시간 영업하는 드럭 스토어에 갔다. 러시아에서 본 약국과 슈퍼마켓의 혼합 형태다. 앞으로 우리나라에도 이런 마트들이 보편화 될 것이므로 관심을 가지고 살펴보았다. 약사들이 가운을 입었는지 안 입었는지 보았다. 우리나라에서는 약사면허증이 없는 사람이 약을 조제하거나 판매해는 것은 불법이다. 신선한 과일이나 통닭은 판매하지 않았다. 마트에서 냉동 피자, 주스, 젤리, 소고기 캔을 사고 혹시나 싶어서 카드를 내미니 결제가 된다.

30분 전 숙박 요금을 카드로 결제하려는 데 숙소 주인이 가져온 휴대용 카드 단말기에서는 결제가 안 되었다. 이런 일이 없었는데 할 수 없이 돈으로 결제했다. 생각지 않았는데 보증금 100달러를 달라고 한다. 3박 4일 동안 사용할 금액을 맞추어 환전을 했는데 확실치 않아서 더 인출을 해야겠다. 첫날 무사히 도착한 것에 대한 자축 파티를 했다.

ⓘ Tip

숙소 정보

Vancouver Deluxe Cozy Home(3박 4일 CA $330)

숙소는 스카이 트레인 종점에 있었다. 주택단지여서 조용하고 마음에 들었다. 숙소 주인이 가지고 있는 카드 결제기가 안 된다고 한다. 현금으로 지불했는데 마켓에서는 결제가 되었다. 현금이 충분하지 않으면 될 때까지 하자고 하자.

23. 밴쿠버에는 씨티 ATM기가 없다

한국과 캐나다는 시차가 16시간 있다고 하는데 어젯밤 평상시처럼 11시에 자고 아침 5시 30분에 일어났다. 문을 열고 베란다에 나가보니 아침 기온이 생각 밖으로 더 쌀쌀하다. 향기 좋은 커피를 마주하고 의자에 앉아 밝아오는 경치를 보고 싶다. 앞 공터에는 갈매기와 까마귀 여러 마리가 있더니 날아갔다. 까마귀는 공기가 맑은 곳에 산다고 한다. 한국은 지금 많이 덥다는데 이곳은 초가을의 분위기가 물씬 풍긴다. 캐나다는 가을의 색감이 멋지고 아름답게 빛나는 나라다.

아침 식사를 하기 위해 숙소 2층에 있는 주방과 거실로 내려갔다. 사용하는 사람은 우리밖에 없어서 일반 가정집에 있는 것 같다. 가져온 햇반과 우거지 된장국으로 든든하게 배를 채웠다.

스카이 트레인 역 자동판매기에서 보증금 6달러와 일일 티켓을 10달러에 구입했다. 굳이 보증금을 6달러나 지불할 필요가 있을까? 주위를 둘러보아도 한국처럼 보증금 환불하는 기계가 없다. 아무래도 보증금을 떼일 것 같은 불길한 예감이 든다.

스카이 트레인은 객차가 6칸 정도로 대구 3호선과 비슷하다. 제일 앞좌석에 앉으니 저 멀리 높은 산 위에 흰 눈이 소복이 쌓인 모습이 보였다. 아마 이곳은 1년 365일 설경을 볼 수 있을 것 같다. 주택지는 미군 부대와 비슷한 풍경이다. 주황색의 지붕과 회색 벽이 비슷해서 그런 것 같다. 밴쿠버 시내 지리가 서서히 감이 잡히며 가까이 다가온다. 중심가로 가는 도중 지하로 3정거장 운행했다. 효준이 옆 좌석에 잘 생긴 중국계 청년이 앉았는데 서로 자연스럽게 이야기를 주고 받고 있다.

역에서 내려 가야할 곳을 할아버지에게 물으니 친절하게 설명해주시고 여행을 잘하라고 미소를 지으신다.

워터파크라는 중심가 호텔 앞에는 캐리어를 끌고 다니는 단체 관광객들이 많이 보인다. 따사로운 햇살이 좋고 해안 풍경이 평화롭다. 선착장에는 거대한 크루즈가 정박해 있다. 이렇게 큰 크루즈는 처음 보았다. 실내도 구경하고 싶었다. 언젠가는 어머니를 모시고 형제자매 가족과 함께 크루즈 여행을 하고 싶다. 모스크바를 떠올리며 호텔 맨 꼭대기에 올라갔다. 전망대는 없고 레스토랑이 있어서 직원에게 구경해도 좋으냐고 물으니 허락한다. 역시 높은 곳에서 보니 한눈에 들어오는 전망이 좋다.

어제 숙소 주인에게 씨티 ATM기가 어디 있는지 물었다. 자기 핸드폰으로 검색해서 시내 몇 군데 있는 곳을 보여주었다. 워터파크 주변을 구경하다가 인포메이션에서 시내 지도를 받고 차이나타운에 있는 씨티 ATM기가 있는 곳을 안내받았다.

20여 분 걸으니 고풍스러운 분위기가 느껴지는 구시가지를 만날 수 있었다. 마로니에 나무들이 가로수로 있어서 인사동을 걷는 것 같다. 가이드 북에서 본 유명한 증기 시계를 보았다. 역시 관광객들이 기념사진을 찍기 위해 모여 있다. 기념품 가게는 조그마한 박물관처럼 캐나다 원주민들이 사용한 듯한 토속품들이 많이 있었다. 몇 블록을 걸어가니 서서히 차이나타운 분위기가 난다. 지나가는 사람과 가게 주인에게 씨티은행 ATM기 위치를 물었다. 모른다는 사람이 많았고 알려주는 사람마다 달랐다.

'이런… 씨티은행 ATM 찾기가 이렇게 힘들어서야…'

주소 적힌 곳은 씨티은행 간판이 없어서 지나쳤는데 다른 사람에게 물으니 그곳이라 해서 다시 가니 문이 닫혔다. 마침 손을 모으고 닫힌 문으로 안을 들여다보는 아저씨가 있었다. 원래 이곳이 씨티은행이었는데 8년 전에 문 닫았다고 한다.

'럴수 럴수 이럴 수가 있나?'

많은 사람들이 알려주고 심지어는 여행 센터에서 지도 위에 표시까지 해주었는데 씨티은행이 없다니! 이것이 어떻게 된 경우란 말인가? 그것도 8년 전에 없어졌다고 한다. 지난 8년 동안 많은 사람이 물어서 이곳에 찾아왔을텐데 업데이트가 안 되었다니 나로서는 이해가 되지 않는 희한한 일이다. 결국, HSBC ATM기에서 인출했다. 인출하지 않아도 될 돈을 보증금 때문에 수수료를 지불한 것이 아까웠다. 캐나다 돈의 촉감은 고급스러운 비닐이다. 물에 젖지 않아서 좋겠다.

밴쿠버의 스카이 트레인은 3개 노선이 있는데 시내 구경할겸 종점까지 갔다. 지도를 보니 호수가 그려진 공원이 있다. 슈퍼마켓에서 체리와 간식을 사 가지고 공원에서 잠시 쉬려고 했다. 역에서 내려 뙤약볕에 30분가량 걸었는데 호수는 보이지 않고 뜨거운 햇살만 가득하다. 뙤약볕이 내리쬐는 공원에서 아이들은 축구를 하고 윗통을 벗은 남자들이 조깅을 하고 있었다.

하나라도 더 보고자 하는 여행자 마음으로 저녁 늦게까지 부지런히 다녔다. 덕분에 하루 사이에 허리띠 구멍 한 칸을 앞당겼다. 저녁에 대형 슈퍼에서 찹쌀을 샀다. 아들이 자취 3년 경력을 살려 쌀을 불리고 냄비밥을 맛나게 했다. 작년 시베리아 여행과는 달리 일찍 일어나고 부지런히 준비한다. 1년 사이에 많이 컸다는 생각이 들어 흐뭇한 마음이 든다. 늦은 밤 욕조에 뜨거운 물을 받아 반신욕을 하면서 오늘 일들을 정리하고 내일을 계획하니 좋다.

블로그에 포스팅하기 위해 노트북을 펼쳤다. 네이버 비밀번호가 다르다고 한다.

'이상하다. 이것은 또 무슨 문제인가?'

몇 번을 시도했는데 안 되었다. 이러면 포스팅을 못하는데….

다음 날 아침 일어나면서 갑자기 생각이 났다. 특수문자 순서를 거꾸로 생각했던 것이다.

한국에서 여유 있게 환전하는 것이 좋다. 벤쿠버에는 씨티은행 ATM기가 없다.

24. 살고 싶은 도시 밴쿠버

밴쿠버는 UN이 정한 '살기 좋은 도시' 1위에 여러 번 올랐다. 천혜의 자연환경은 잘 보존되어 아름다웠다. 사람들의 표정에서 정감이 느껴지고 마음 편하게 다녔다. 사람들은 친절하고 조용했으며 남을 위한 배려가 눈에 보였다. 다운타운의 거리는 깨끗하고 여행자에게 불편함이 없는 시설에 만족한다.

여러 사람에게 "How are you?" 인사말을 여러 번 들었다. 밴쿠버에 온 것을 환영하며 즐기라는 말을 들었다. 한 달 살이 도시에 밴쿠버도 포함하고 싶다.

해안가에 있는 스탠리 공원에서는 걸을 수도 있지만 자전거 도로가 잘 되어 있고 넓기 때문에 자전거를 빌려 탔다. 부드러운 오후의 햇살이 온몸을 부드럽게 감싸고 있다는 느낌이 들었다. 아름다운 해안과 숲길을 달린다. 보행자를 위해서 반드시 내려서 끌고 가게 하는 곳이 몇 군데 있었다. 자전거 도로를 안전하게 잘해놓아서 달릴수록 여기 사는 사람이 부러웠고 이곳에 살면 좋겠다는 생각이 들었다.

아이들이 어렸을 때 함께 자전거를 많이 탔었다. 아파트 주차장에는 그때 타고 다녔던 자전거 두 대가 있다. 효준이와 오랜만에 자전거를 타니 기분이 좋아졌다. 페달을 밟으며 앞으로 나아갈수록 펼쳐지는 공원의 매력적인 풍광에 빠져들었다. 바다에서 불어오는 해풍과 숲 속에 부는 산들바람의 맑고 신선한 공기를 마음껏 들어 마셔본다.

'밴쿠버야 네가 정말 마음에 든다.'

퍼블릭 마켓은 다양한 먹거리와 기념품을 판매하여 구경하는 재미가 쏠쏠하다. 역시 시장은 생동감이 넘친다. 캐나다의 일상 생활을 보는 것 같다. 처음 보는 음식과 과일들이 신기하다. 시장 안은 마트처럼 깨끗하다. 안내 센터에 '퀸엘리자베스 파크'에 어떻게 가야 하는지 물었다. 지도를 펼쳐 상세히 설명하고 종이에 내려야 할 버스 정류장을 적어주었다.

> **ⓘ Tip**
>
> 스탠리 공원을 가볍게 산책하는 것도 좋지만 넓기 때문에 걸어 다니기에는 시간이 많이 걸린다. 자전거를 빌려 3시간 정도 타는 것도 좋다. 자전거 대여점이 다섯 곳 있다.
>
> 워터파크 상가보다 스탠리 공원 쪽 가게의 가격이 조금 저렴하다.

시애틀

25. 생애 처음으로 지갑을 잃어버렸다

인터넷으로 볼트 버스 예약을 했다. 캐나다 밴쿠버에서 미국 시애틀까지 암트랙은 1인 42달러, 그레이하운드는 44달러에 캐리어 추가 부담이 있다. 메가 버스는 운행하지 않았고 볼트 버스는 35.5달러다.

7월 16일 오전 11시 30분 버스터미널에서 검은색의 대형 볼트 버스를 탔다. 1시간을 달려 국경 이민국에 도착했다. 한 덩치 하는 사람들이 제복을 입고 총을 가지고 경비를 본다. 분위기는 위압적이거나 삼엄하지 않았다. 버스에서 자기 짐을 가지고 내려 입국 심사관 앞에 섰다.

"어디로 가느냐?"

"시애틀."

오른쪽 네 손가락으로 지문인식을 하고 왼쪽 네 손가락을 하고 엄지를 지문인식기에 대라고. 분명 우리나라 말로 "엄지"라고 말했다.

효준이 보고 "Son?" "Yes."

여권에 입국 스탬프를 찍고 입국 카드를 붙인다.

"Ok."

"Thank you."

"안녕히 가세요?"

기분 좋게 웃는다.

한국인에 대해서 좋은 감정을 가진 것을 가진 것 같아 좋았다. 다른 줄의 몇 사람은 여러 질문을 하며 시간이 오래 걸렸다. 창구 테이블에서 한 명당 6달러, 12달러를 지불했다.

'어랏! 이것은 무슨 돈인가?'

캐나다 입국할 때는 따로 돈 내는 것이 없었는데 미국은 육로로 입국할 때는 입국세를 따로 받는 것 같다. X-ray 검색대 앞에 컵라면과 사과와 여러 과일 모형이 있는데 밑에 '반입 불가'라 적혀 있다. 나는 괜찮다는 정보를 보았기 때문에 그냥 통과하면 된다고 말하니 효준이는 한사코 이야기를 해야 된다고 말한다.

"아휴, 그래라."

캐리어 지퍼를 열고 컵라면을 꺼내 보이니 여기저기 살펴보곤 괜찮다고 한다.

효준이가 굳이 묻는다.

"햇반이 있는데요?"

"Ok, no problem."

"거 봐, 괜찮다잖아."

그럼 저 모형은 뭣 때문에 둔 것일까?

미국 이민국 통과하는 것이 예전보다는 어렵지 않지만 그래도 까다롭다고 들었다. 생각 밖으로 쉽게 모든 절차를 잘 마치고 미국땅으로 들어왔다. 성조기가 펄럭이는 건물들이 곳곳에 보이고 광활한 평야를 보니 드디어 미국에 온 것이 실감났다. 3시 30분에 시애틀 다운타운에 내렸다. 인포메이션을 찾아가려고 효준이가 핸드폰으로 검색하면서 예약한 호텔을 검색해 보니 부근에 있다.

'오호, 잘 됐다!'

호텔은 걸어서 5분이 안 걸리는 차이나타운에 있었다. 볼트 버스와 호텔 선택을 잘했다고 자위하면서 기분이 좋았다.

차이나타운에는 무슨 행사를 하고 있었다. 광장에는 무대가 설치되어 중국 노래 공연을 하고 많은 사람들이 구경하고 있다. 축제 분위기 나게 양쪽으로 노점상들이 다양한 먹거리와 기념품들을 팔고 있다. 호텔 체크인하고 구경 와야겠다고 생각했다. 차이나타운 입구에 마침 한국 식당이 보여 호텔을 물으니 친절하게 따라오라며 안내를 했다. 호텔 카운터에 도착하여 매니저에게 예약한 내 이름을 말하고 신용카드로 결제하려고 손가방 지퍼를 열었다.

'어랏! 지갑이 없다.'

갑자기 머리가 하얗게 되며 '멘붕'에 빠졌다. 손가방, 배낭을 몇 번이고 속을 다 끄집어 내고 찾았는데 지갑만 보이지 않는다. 오늘도 일이 잘 풀린다고 기분 좋았던 생각은 폭발되어 산산히 부서졌다.

'어찌 이런 일이, 이럴 수가!'

효준이는 볼트 버스가 멈춘 장소로 달려갔다. 잠시 후 나도 정신을 차리고 달려갔다. 효준이가 저쪽에서 걸어온다. 손에는 지갑이 없다.

"버스는 떠나고 없어요"

힘없이 호텔 로비로 돌아와서 곰곰이 생각을 했다. 이민국에서 12달러를 지불할 때 말고는 지갑을 꺼낸 적이 없다. 버스는 점심시간이 지나는 데도 휴게소에 들리지 않고 달렸다. 어디에 빠트렸을 리가 없다. 버스

뒤편에 있는 화장실 간 것 말고는 자리에서 일어난 적이 없다.

'하늘로 솟았나? 땅으로 꺼졌나?'

도무지 생각해도 알 수가 없고 기억이 나지 않는다. 다리에 힘이 빠져 계단에 앉았다. 조금 전까지 좋았던 기분이 한순간에 참혹하게 바뀌었다. 생각하지 않던 대형 사고가 일어난 것이다.

'어찌 나에게 이런 일이…'

효은이가 생일선물로 준 짙은 남색 반지갑에는 신분증과 씨티 신용카드, 씨티 국제 체크카드와 현금 900달러가 있다. 나머지 1,000달러와 캐나다 달러는 봉투에 넣어 휴대용 가방 안쪽에 있다. 한국 돈과 작은 단위의 돈은 다른 지갑에 있다. 인천공항에서 스마트폰으로 SK에 여행 중 걸기만 일시 정지 신청했다. 그런데 문자도 오지 않는다. 앞으로는 신청하지 말아야겠다. 신용카드는 한도액이 천만 원이다. 누군가가 카드 결제를 하더라도 내가 확인할 방법이 없다. 씨티은행 통장에 5백만 원을 입금하였고 체크카드로 여행하면서 필요할 때마다 인출하려고 했다. 해외에서는 체크카드 재발급을 받을 수 없다. 차라리 여권을 잊어버렸으면 사진과 여권 복사본이 있으니 재발급받고 여행자 보험 69,000원을 보상받으면 된다. 여행 중 물품은 분실하면 보상금액이 40만 원밖에 안 된다.

여행 초반인데 계획한 여행 일정을 생각하니 앞이 캄캄했다. 매니저가 지갑을 잃어버린 자초지종을 듣고 버스 회사와 이민국에 전화해서 내 이메일 주소와 호텔 전화번호를 알려주었다. 그 와중에 서울에서 지갑을 두 번 잃어버린 경험이 있는 효준이는 침착했다. 이런 일들 많이 겪은듯한 매니저도 차분하게 그동안 일어났던 일들을 적고 있었다. 그나마 다행이고 고마웠다.

'과연 찾을 수 있을까?'

'이민국에서 12달러를 지불하고 지갑을 바닥에 떨어트렸나?'

30분 동안 몇 번을 돌이켜 생각을 해보아도 도무지 떠오르지 않는다. 걱정이 쓰나미처럼 내 머리를 강타했다.

'어쩌지? 앞으로 여행을 어떻게 하지?'

마음을 진정시키고 우선 다른 봉투에 있는 달러를 꺼내어 2박 3일 숙박료 184달러를 지불했다. 나에게는 현금으로 1,000달러가 남아 있다. 그나마 불행 중 다행이다. 샌프란시스코까지 가는 비행기는 신용카드로 예약이 되었다. 그러나 요세미티 국립공원까지 갈 돈은 조금 부족할 것 같다. 아껴 사용하면 된다. 아내와 효은이는 22일 로스앤젤레스로 온다. 그때까지 버틸 수는 있을 것 같다.

온갖 경우의 수를 생각하며 예약된 우리 방으로 간다. 4층 호텔은 층마다 복도를 사이에 두고 방이 수십 개가 있었고 세계 각국에서 온 여행자들의 얼굴이 즐거워 보였다. 여러 편의시설도 마음에 들었다. 체크인하고 축제 구경 가야겠다는 생각과 블로그에 글을 올려야겠다는 생각이 다 사라졌다. 한순간에 모든 것이 무의미해졌다. 지금까지 살면서 물건을 잃어버린 적이 거의 없었다. 특히 여행할 때는 지갑 두 개를 가지고 다녀 현금을 분산하고 항상 몸에 지니고 다녔다. 1992년 태국에서 야간 버스를 타고 이동하면서 배낭 깊숙이 넣어둔 여행자 수표와 현금을 도난당한 적이 있었다. 그때는 여행자 수표 일련의 번호를 수첩에 적어둬서 파리 외환은행 지점에 재발급받았다.

401호 2인실 방으로 들어왔다. 2층 침대와 세면대가 눈에 보였다. 우선 마음을 진정하고 짐을 정리하고 샤워하려고 캐리어를 열었다. 그 순간 놀라운 일이 벌어졌다. 깜짝 놀라 내 눈을 크게 뜨고 다시 보았다. 이민국 직원에게 보여주었던 컵라면 옆에 내 지갑이 있지 않은가?

'아… 어떻게 이런 일이…'

그때 지갑을 작은 가방에 넣지 않고 손에 들고 바로 x-ray 검색대로 간 것이다. 검색대 앞에서 컵라면을 꺼내어 이야기를 하고 그대로 캐리어에 지갑과 함께 넣었나 보다.

'그것을 전혀 기억하지 못하다니…'

ⓘ Tip

교통 정보

밴쿠버 - 시애틀 Bolt Bus(11:30am~3:30pm, 2명 71달러)
미국 이민국 입국할 때 한 사람당 6달러이다

버스 좌석이 정해지지 않고 선착순으로 앉고 싶은 자리에 앉는다. 개인적으로 뒷 좌석은 화장실이 있어서 냄새가 나고 운전기사 옆 자리가 풍경 사진을 찍기 좋으므로 선호한다. 앞좌석은 경로석이지만 일단 앉았는데 노부부가 타길래 뒤로 옮겼다. 그런데 앞좌석에 앉지 않고 뒤쪽으로 오신다. 다른 젊은 사람이 그 자리에 앉았다. 아이고 아까워라.

숙소 정보

Hi - Seattle at the American Hotel(2박 3일 165.60달러 예약)
결제 1인 82.80달러 + 세금. 2인 182.33달러

항공 정보

시애틀 - 샌프란시스코 Alaska 항공 11:40am~1:57pm
1인 171.20달러 × 2 = 342.40달러

수화물 개당 25달러

비교) 볼트 버스 21시간 소요. 1인 72달러

순간 환호성이 나오고 효준이와 얼싸안았다. 기분 좋은 몸 세레모니를 했다. 잃어버린 줄 알았던 카드와 현금 1,000달러가 나에게로 돌아왔다. 돈 번 기분이다.

"야호! 아싸! 오늘 저녁 맛있는 것 사 먹자."

호텔 창문 너머로 멋진 교회 종탑 모양의 시계탑이 보였다. 감사한 마음이 저절로 들었다. 앞으로 더욱 조심해야겠다.

정신 차리자. 큰 경험을 했다.

26. 15km를 걸은 시애틀에서의 하루

그윽하게 진한 커피 향을 좋아한다. 커피 가게 앞에 내다 놓은 원두커피 찌꺼기를 가끔 가져다가 햇볕에 잘 말려서 집안 여러 곳에 놓아둔다.

스타벅스 1호점이 시애틀에 있다고 하니 어찌 찾아가지 않을 수 있겠는가? 아니나다를까 많은 사람들이 순서를 기다리고 있었다. 입구에는 아저씨가 통기타를 치면서 미국의 전통음악인 컨츄리 송을 부르고 있는데 그렇게 잘하는 것 같지는 않았다. 스타벅스 1호점이라고 커피향이 특별하거나 모카 라떼가 더 달콤하지는 않았다. 효준이는 머그컵을, 나는 텀블러를 기념으로 구입했다.

한국에 있을 때 하루 평균 4km 전후로 걷는다. 토요일과 주일 아침은 고성산 정상을 등산하는데 3~4시간 걸으면 12km 전후가 된다. 여행 중에는 볼 곳이 연결되어 있으면 12~16km 전후로 걷게 된다.

전망이 좋다는 제리파크까지 오르막을 올랐다. 시내에서는 보이지 않았던 원추형의 설산이 갑자기 보여 신기했다. 시애틀의 전경이 한눈에

다 들어온다. 시원한 바닷바람이 솔솔 불어온다. 뷰 포인터인지 많은 사람들이 구경하고 있다. 저 멀리 태평양이 보이는 멋진 풍광에 취한다.

버스 타고 시애틀 도서관으로 왔다. 도서관은 자주 이용하기 때문에 관심이 많다. 세계적으로 유명하며 유리로 된 10층 규모의 독특한 외관이다. 호기심이 생겨 어떤 책들이 있나 둘러 보다가 한국 책들이 있어서 반가웠다. 언젠가 나의 책도 이곳에 있을 기분 좋은 상상을 해본다. 책을 읽고 있는 사람들의 모습이 보기 좋다. 30여 분 앉아서 분위기에 젖어본다.

노트북의 작은 자판이 익숙하지 않다. 마우스가 없으니 불편하다. 백 장 넘게 촬영하는 데 이 중에서 선택하여 블로그에 포스팅하는 데 고민이 된다. 인터넷 속도가 많이 느리다. 한 장을 올리는 데 1분 이 소요된다. 인터넷 속도는 우리나라가 세계 최고임을 느끼고 인정한다. 사진 용량이 커서 업로드를 5번에 나누어 시킨다. 사진이 순서대로 안 되고 업로드할 때마다 뒤죽박죽이다. 여행지의 밤에 이것은 아닌 것 같다.

'시애틀의 잠 못 드는 밤'
내일 즐거운 여행을 위해서 12시 30분에 침대에 누웠다. 오늘은 많이 걸어 피곤해서 잠이 들 법한데 잠이 오지 않는다. 한국에서는 눕자마자 자는데…. 창밖에 철 현관문 딸깍이는 소리가 규칙적으로 계속 나는 것이 신경 쓰인다. 몇 시간을 뒤척이다가 겨우 조금 눈을 붙였다. 아침 비행기로 샌프란시스코에 가야 하는데….

샌프란시스코

27. 금문교(2,788m)를 아들과 걸었다

처음 계획은 20시간이 걸리는 버스를 타고 시애틀에서 샌프란시스코까지 가려고 했다. 이국적인 바깥 풍경도 구경하면서 깊고 푸른 바다 수면 위로 지는 태양을 보고 싶었다. 그러나 한정된 일정의 여행자에게는 시간은 중요하다. 장거리 버스보다는 시간을 절약하는 비행기를 선택했다. 미국은 땅이 넓어서 영화에서 보는 것처럼 집들이 드문드문 있을 줄 알았는데 비행기에서 내려다본 도시는 주택지가 밀집되어 있었다. 답답한 느낌이 드는 것은 한국과 다를바 없었다. 옹기종기 모여 사는 것이 비슷하다.

버스로 20시간 넘게 걸리는 거리를 비행기로 2시간 26분 만에 도착했다. 공항에 도착한 첫 느낌은 시애틀과 다른 황량함이다. 찬바람이 불어 추웠다. 캐리어에서 바람막이 점퍼를 꺼내어 입었다. 공항철도 무인 티켓 판매기에서 8.95달러를 넣고 기차표를 발권했다. 이곳은 보증금이 없어서 다행이다는 생각을 했다. 인도 청년이 우리에게 티켓을 어떻게 발권하는지 물었다.

30분을 달려 다운타운인 파웰역에 내렸다. 다운타운의 거리는 가을인 듯 낙엽이 뒹굴었다. 부랑자와 흑인들이 많이 보인다. 도시 분위기는 스산한 날씨와 함께 좋아 보이지는 않는다. 호텔을 찾아가는 동안 몇 명이 우리에게 무어라고 말을 하며 지나갔지만, 적극적으로 시비를 걸지는 않았다.

호텔은 다운타운에 있었는데 생각 밖으로 낡은 건물 5층이었다. 엘리베이터는 이중 철제로 된 오래된 것으로 영화에 나올법했다. 방은 낡고 작았지만 간단한 응접세트와 세면대가 있어 편리했다. TV도 있었지만 켜지는 않았다. 도로 가에 있어 문을 열면 차량 소음과 술주정하는 사람들로 시끄러웠다.

호텔을 검색했을때 샌프란시스코는 뉴욕처럼 많은 인구가 밀집되어 숙박요금이 비쌌다. 그중에서 여러 호텔 가운데 특별 할인한다고 해서 예약했는데 막상 와 보니 마음에 들지 않았다.
"하루만 숙박하고 다른 곳으로 옮길까?"
"이틀인데 그냥 있어요."
아들이 그냥 있자고 하니 그대로 머물기로 했다. 아쉬운 대로 이틀을 머물렀는데 여러 가지 면에서 시애틀 호텔과 비교가 된다. 비추천이다.

다음날 시내지도를 들고 유니온스퀘어를 시작으로 차이나타운, 코이트 타워, 러시안 힐, 롬바드 거리를 구경했다. 역시 샌프란시스코는 볼거리가 풍성했다. 관광의 하이라이트, 금문교에 도착했다. 세계적으로 유명하고 거대한 현수교가 눈앞에 있는 것이 신기했다. 바닷바람이 세차게 불어 바람막이 재킷으로 무장을 하고 신발끈을 조여 맸다. 다리 위에는 오고 가는 차들도 많았다. 인도에는 자전거로 왕복하는 사람도 많았는데 신경 쓰이고 위험하다. 자전거도 엄연히 차이다. 법을 엄격하게 적용한다는 미국인데…. 2,788m를 걸어서 다리 끝에 있는 조형물에 도착했다. 산에는 나무가 없어 황량하다. 바다 건너 샌프란시스코의 마천루가 보인다. 찬바람이 심하게 부는 금문교를 효준이와 왕복한 기념으로 뭐라도 먹고 싶은데 슈퍼마켓 하나 없다. 다시 출발한 장소로 돌아오니 작은 가게 하나와 카페테리아만 있다. 소시지 하나 달랑 있는 핫도그가 7달러다. 채소가 한 장 들어있는 간단한 햄버거는 8.5달러나 했다. 비싼 가격 때문인지 배가 고파서인지 맛은 있었다.

나중에 그 핫도그가 비싸더라고 말을 하니 효준이가 아빠가 드시고 싶어 하시는 것 같아서 비쌌지만 아무 말 안 했다고 한다. 나는 효준이가 배고플 것 같아서 산 건데….

오늘은 15.3km, 27,200걸음을 걸었다.

숙소 정보

Desmond Hotel(2박 3일 171.38달러 예약)
결제 199.22달러(세금 27.84달러)
비 추천

금문교 입구 주위에는 점심 식사할만한 식당이 없다. 카페테리아 한 곳이 있다. 편의점 같은 작은 가게 하나만 있다. 미리 간단하게 먹을 것을 준비하면 좋다.

교통 정보

샌프란시스코 - 로스앤젤레스 12:00 Pm~8:35 Pm
Bolt Bus 2인 96달러
비교) 비행기 1인 194달러

버스요금은 2.75달러, 7시까지는 몇 번이고 탈 수 있다.

유심 정보

AT&T 53.84달러

효준이만 구입했다. 폰 2m 내에 있으면 함께 인터넷을 사용할 수 있다. 러시아 여행할 때는 4인 가족 모두 유심을 구입했다. 이번 여행은 유심 하나로 충분히 사용했다.

28. 요세미티 국립공원이 불타고 있다

전망 좋은 언덕 위에 있는 코이트 타워세어를 구경하고 러시안 힐로 걸어가는데 영화에서 보았던 것처럼 작은 언덕이 이어져서 영화의 한 장면같이 멋있었다. 전차 양쪽에 서 있는 사람들이 미소 지으며 손을 흔든다. 샌프란시스코의 명물이다.

출발점에서 전차가 회전을 하기 위해서 사람이 직접 손으로 돌리는 것

이 볼만하다. 많은 사람이 타기 위해 줄을 서고 사진을 찍었다.

러시안 힐은 비엔나 소시지처럼 이어졌다. 'S 코스' 주행의 스릴을 맛보는 데 좋을 것 같다. 차들은 조심조심 내려가고 꽃이 가득한 아름다운 집들을 배경으로 많은 관광객들이 사진 찍기에 여념이 없다. 전체적인 조화가 한 폭의 그림이다. 푸른 태평양이 잔잔하다.

한국에서는 곳곳에 있는 편의점이나 슈퍼마켓은 보이지 않는다. 버스 정류장 부근에 마켓이 보여 음료수를 사러 들어갔다. 카운터에 서 있는 사람에 대한 느낌이 한국 사람인 것 같다.

"한국 분이세요?"

"네. 안녕하세요. 여행 오셨나 봐요?"

처음 본 한국 사람이 반가웠다. 여행사에 대해서 문의하니 한인 잡지를 보여주셨다. 한국에서 떠나기 전에 알고 있는 정보로는 한인 여행사에서 주관하는 요세미티 국립공원 패키지 상품이 매일 아침 7시 20분에 출발한다고 가이드 북에 적혀 있었다. 깊은 산 속에서 짧지만 1박 2일을 보내려고 생각했다. 트레킹 하면서 나무와 바람과 교감을 나누고 싶었다. 밤에는 별들을 보면서 효준이와 이런저런 이야기를 하고 싶었다. 당연히 있는 줄 알았다. 여행사 3곳에 전화하니 매일 출발하는 상품은 원래 없다고 한다.

'이런…'

규모가 제일 크다는 여행사는 23일, 30일에 출발한다고 한다. 혹 오늘 오후라도 모객이 되면 연락을 달라고 했다. 며칠 전부터 요세미티 공원에 산불이 계속 번지고 있어 진입도로 몇 군데가 통제되어 출발이 불확실하다고 한다.

'이럴 수가… 생각지 못한 일이 생겨 계획에 차질이 생겼다.'

미국에 있는 국립공원 중 제일 멋지고 아름답다고 하는 요세미티 국립공원을 갈 수 없다고 하니 허전하고 아쉽다. 여행이란 이런 것이다. 살면서도 예상치 못하는 변수가 생겨 뜻대로 되지 않을 때가 있다. 다른 좋은 곳으로 합력하여 선한 길로 인도하시리라 믿는다. 그래서 나는 크게 실망하지 않는다.

'알 이즈 웰.'

로스앤젤레스

29. LA의 핵심 여행지 - UCLA & 할리우드 & 베벌리힐스 & 산타 모니카

오후 3시에 샌프란시스코에서 볼트 버스를 타고 출발했다. 해안 도로를 달려 태평양을 구경하면서 올 줄 알았는데 바다는 전혀 보이지 않았고 건조한 땅만 보여 조금 실망했다. 고속도로는 빠른 길로 다니기 때문에 그렇다고 한다. 생명체를 볼 수 없는 황량한 사막을 몇 시간 지나면서 미국이 넓기는 넓구나 하는 생각이 들었다. 우리나라는 산과 나무들이 많아 지루할 틈이 없는데 처음 생소한 풍경에 사진을 많이 찍다가 시간이 흐를수록 단조로운 풍광이 지루하다.

밴쿠버에서 시애틀로 올 때 4시간 동안 한 번도 쉬지 않았다. 로스앤젤레스로 올 때는 거의 9시간이 소요되었는데 저녁식사시간으로 25분만 쉬었다. 운전기사와 승객의 안전을 생각하지 않는 것인지? 고속도로에 휴게소가 없는 것인지 모르겠다. 우리나라는 안전을 위해 3시간마다 의무적으로 휴식을 취해야 한다. 흑인 여성 운전기사 옆 좌석에 앉아서 사진을 찍으면서 왔다. 처음 탑승하자 안내방송으로 버스 안에서의 불법 행위는 엄하게 처벌된다고 말했다. 느낌으로 한국보다 엄하게 적용되는 것 같다. 한 번만 쉬고 달리는 운전기사가 대단하다는 생각이 들었다. 운전하면서 틈나는 대로 간식과 음료수를 먹는데 화장실에도 안 가고 싶은가 하는 생각이 들었다. 왼쪽 다리를 자신의 오른쪽 허벅지에 올려서 운전하는 불량한 모습을 보여주었다. 중간중간에 조금씩 정체되어 예정보다 1시간 늦은 밤 11시 50분에 로스앤젤레스 버스 정류장에 도착했다. 다른 도시였으면 늦은 밤 다운타운에 도착하면 조금 걱정했을 것이다. 그러나 로스앤젤레스이기 때문에 걱정이 없다. 그 이유는 오면서 UCLA에서 박사 과정을 공부하는 조카와 카톡으로 연락을 했기 때문이다. 스튜디오를 같이 사용하는 교회 후배와 함께 마중 나왔다. 오랜만에 조카를 반가웠다. 카톡으로 잠자리가 불편하실 거라고 했는데 스튜디오는 서울에 있는 원룸과 고시원에 비하면 훨씬 넓고 깨끗했다. 여행을 좋아한다는 승일 군에게 반가운 마음으로『시베리아 횡단 기차 여행』사인해서 주니 무척 좋아했다. 밤 2시까지 이야기를 나누다가 편안한 단잠을 잤다.

다음 날 조카가 UCLA 연구실을 구경시켜 주었다. 대학 연구실은 한국 대학과 비슷했다. 캠퍼스는 푸르름과 젊음으로 생동감으로 가득했다. 붉은 건물들이 고풍스러워서 보기 좋았다. 영화에서 보았음직한 중세풍의 건물 안에 있는 도서관에 들어갔다. 한쪽에 자리를 차지하고 공부하고 싶다는 생각이 들었다. 기념 매장은 2층 규모로 컸다. 밴쿠버 스카이 트레인에서 모자를 잃어버려 여기 온 기념으로 모자를 27달러 주고 구입했다.

통영에서 유학 온 승일 군은 시간을 내어 그의 승용차로 LA 핵심 코스를 구경시켜 주었다. 그의 여행 스타일은 하나라도 더 보고자 하는 나와 비슷했다. 점심 식사로 맛있다는 스테이크 전문 레스토랑을 앱으로 검색했다. 이곳은 내비게이션이 없으면 힘들겠다는 생각이 들었다. 내비게이션을 누가 만들었는지 잘 만들었다. 그러나 여행할 때는 지도를 들여다보며 하는 것이 여행의 재미를 한껏 고조시킨다. 식당 거리를 잘못 생각하여 식당에서 20분 떨어진 도로에 주차하고 걸었다. 잠시 걷는데 뜨거운 태양의 열기가 바로 머리 위에서 내리쬐는 것 같았다.

이곳의 태양은 다른 나라보다 가까이 있는 것 같다는 말에 수긍할 수밖에 없었다. 신기하게도 나무 그늘 밑으로 걸으면 견딜만 했다. 식당에는 나보다 덩치 큰 사람들이 많았다. 미국의 1인분은 보통 우리나라 2인분이라고 하더니 주문한 바비큐 양이 일단 푸짐했다. 부드러운 식감에, 새로운 양념 맛에 모두들 맛있게 잘 먹었다.

도로 건너편에 Pink's 핫도그 가게에 갔다. 이곳은 영화배우들이 많이 찾는다는 소문에 주문하기 위해 사람들이 줄을 많이 섰다. 벽면에는 배우들의 사진들이 가득 걸려 있었다. 유명하기 위해서는 연예인을 이용하면 된다는 것은 사람 사는 곳이면 동일하다.

영화를 좋아하는 나는 할리우드에 대한 기대가 컸다. 할리우드는 1900년대 초 영화 제작자들이 이곳에 온화한 기후와 충분한 노동 시장이 있어 세트장을 만들었다고 한다. 관광객들이 붐비는 거리를 걸으니 유니버설 스튜디오에 있는 것 같다. 스타의 거리(Walk of Fame)는 유명배우들의 손과 발이 찍혀있어 구경하기 위해 전 세계에서 온 관광객들로 가득하다. 유명한 배우들의 손바닥 모형인데도 친근감이 들었다.

아카데미 시상식이 열리는 극장을 보았다. 레드카펫 위에서 환호하는 팬들에게 옅은 미소를 띠며 우아하게 손을 흔드는 배우들의 모습을 떠올렸다.

베벌리 힐스는 고급 주택이 즐비한 필리핀의 부촌 빌리지인 알라방과 비슷한 풍경이었다. 햇살이 코코넛 나무 사이로 얼굴을 빼꼼히 내밀고 있다.

유명한 명품들이 손님을 기다리고 있는 로데오 거리를 걸었다. 샤넬, 구치, 루이비통, 돌체, 버버리, 로베르토 카발리, 돌체앤가바나 등 많이 들어본 이름도 있고 처음 보는 이름도 있었다. 주머니 사정이 여의치 않아 구경하는 것은 공짜이지만 가격은 굳이 보지 않았다. 거리에는 최고급 승용차 람보르기니, 벤틀리가 간간히 보였다. 사람들은 생각보다 많지는 않았다.

유명한 산타 모니카 해변을 갔다. 다운타운에서 1시간 거리로 가깝다. 태평양이 한눈에 보이고 끝없이 펼쳐진 모래사장에는 많은 사람들이 바다를 즐기고 있었다. 유백색의 파도를 타는 사람들의 표정이 한없이 밝아 보인다. 온화한 기후의 캘리포니아 바다와 자유분방한 활기찬 광경이 묘하게 어울린다. 백사장과 바다 빛이 유난히 아름다웠던 보라카이와는 또 다른 느낌이다. 필리핀에서 살면서 많이 보았던 코코넛 나무를 오랜만에 보니 반가웠다. 태평양에서 수영을 하고 가야 하는데 갈 길이 바빠서 그냥 구경만 하는 것이 조금 아쉬웠다.

Chicago에서 Santa Monica까지 2,347miles의 66번 도로는 유명하다. 금을 캐기 위해 많은 사람들이 오고 갔을 것이다.

1909년에 만들어진 부두 산타 모니카는 서부 해안에서 가장 오래된 역사를 자랑한다. 많은 영화와 드라마의 배경으로 등장했으며 특히 로

버트 레드포드와 폴 뉴먼 주연의 영화 '스팅'의 촬영지로 유명하다. 최근에 '라라랜드'에도 나왔다고 한다. 서서히 땅거미가 지며 어둠이 내리고 있었다.

도로 건너편에는 150여 개의 상점과 레스토랑이 세 블록에 걸쳐 있다. 버스킹하는 사람과 그림 그리는 사람을 보니 여행 온 실감이 나는 것 같다.

산타 모니카 해변에서부터 시원한 음료수를 내가 사겠다며 카페에 들어가자고 하니 이곳은 아주 비싸다고 한다. 절약하고자 하는 아이들을 보니 기특한 생각이 들었다. 슈퍼마켓에서 각자 먹고 싶은 음료수를 시원하게 먹었다.

승일 군은 8시에 약속이 있음에도 약속 시각을 연기하며 하나라도 더 보여 주기 위해 애썼다. 고마운 마음이 가득하다.

로스앤젤레스를 왜 '천사의 도시'라고 부를까? 도시 전체는 스모그로 인해 뿌옇다. 중국처럼 황사가 있는 것도 아닐 텐데 아마 매연이 원인인 것 같다. 평소에도 그렇다고 한다. 지금까지 여행한 도시들에 비해 더 좋아 보이지 않았고 회색과 뜨거운 열기로 가득하다. 넓은 도시에 비해 버스와 대중교통 시설이 잘 되어 있지 않아 이곳에 사는 사람들과 찾아오는 많은 관광객들이 불편하겠다는 생각이 들었다. 지하철은 다운타운 주변에만 있다고 한다. 도심을 벗어나면 우리나라 1970년대에 보았던 삼나무로 만든 나무 전봇대가 많이 보인다. 다운타운을 제외하고 건물들과 거리의 간판들은 오래되어 보였다. 몇 년째 가뭄으로 야자잎과 잔디는 말라가고 있고 먼지가 쌓여 있었고 식물 본연의 푸른 초록의 색감이 옅어져서 안타까웠다. 연중 비가 10여 일밖에 내리지 않는 곳인데 지난

일 년 동안 비가 내리지 않아 콜로라도 강에서 물을 끌어들인다고 한다.

> **ⓘ Tip**
> ### 먹거리 정보
> 스테이크 레스토랑
> 79달러 + 팁 12달러 = 91달러

30. 남가주 사랑의 교회 다락방 모임 & 디즈니랜드

아내와 효은이는 7월 22일 밤 1시 50분에 공항 리무진을 타야 했다. 인천공항에 도착해서 2시간 만에 출국 수속을 빨리하고 타이베이를 경유해야 한다. 타이베이 공항에서 환승하는 길이 잠시 헷갈리는 곳이 있었다. 모녀만 비행기 타는 것은 처음이라 잘할 수 있을까 신경이 쓰였다. 22일 아침 조카가 운전을 하고 처형과 공항에 마중 나갔다. 로스앤젤레스 공항에 도착 시각이 30분 지났고 같은 비행기를 탄 승객과 승무원들도 다 나왔는데 정작 기다리는 두 사람은 보이지 않아 조금 걱정되었다. 잠시 후 환한 얼굴을 하고 손을 흔든다.

처형이 출석하는 남가주 사랑의 교회 다락방 방학 모임을 가까운 공원에서 하는데 함께 가자고 했다. 다른 곳을 보고 싶었지만, 대중교통이 불편한 애너하임의 주택지이기 때문에 다른 선택의 여지가 없었다. 한적한 공원이었다. 곳곳에 여러 한인들과 멕시칸들이 모여 식사를 하고 있었다. 참석한 7가정은 30~40대였다. 13년 전 우리 가족을 보는 듯했다. 2004년 10월부터 2007년 5월까지 필리핀에서 살았다. 처음에는 한인 교회에 출석했으나 여러 문제 때문에 현지인 교회를 다녔다. 이민 온 교포들과 잠시 유학 온 가정들과 빌리지에서 살면서 크고 작은 많은 경험을 했었다. 다락방 담당 목사님은 15년 넘게 선교를 담당하셨고 선교에 대한 공감대가 있어 여러 이야기를 나누었다. 캘리포니아에는 한인교회가 약 3,000개가 있다. 하긴 땅덩어리가 우리나라보다 훨씬 넓으니 그럴 수도 있겠다. 몇 년 전부터 이민자가 줄어들고 선교 상황도 많이 바뀌었다. 시대의 변화에 따라 선교의 전략도 바뀌어야 한다.

멕시코의 전통요리인 '타코'를 만드는 요리사가 와서 음식을 준비했다. 로스앤젤레스로 올 때 고속도로 휴게소에서 저녁 식사로 먹었는데 내 입맛에는 별로였다. 목사님은 멕시코에서는 속 재료가 다양하고 맛있어서 한 자리에서 먹다 보면 열 개 넘게 먹는다고 하는데 난 세 개 먹었다. 목사님은 1년 내내 일정한 날씨가 사람이 살기에 좋다고 말했다. 처음 이곳에 유학으로 왔는데 한국 사람들만 상대하다 보니 지금은 영어를 많이 잊어버렸다고 하셨다. 아내와 효은이가 미국 온 첫날 오후 시간을 이곳에서 보내는 것이 아쉬웠다.

저녁에는 다운타운에 있는 리틀 디즈니랜드에 갔다. 작은 규모지만 다양한 피부색의 사람들로 많이 붐볐다. 쇼핑 가게들이 즐비한데 어린이와는 상관이 없는 명품 가게와 화장품 가게가 있었다.

세 명만 화장실에 갔다 오면서 셀카봉으로 사진을 찍다가 보안요원에게 빼앗겼다고 했다. 박물관도 아닌 디즈니랜드에서 셀카봉을 금지할 줄이야 생각도 못 했다. 출입구에서 소지품을 검사할 때는 아무런 말이 없었고 금지한다는 표지판도 없었다. 효은이는

"여행 오기 전에 구입하고 처음 셀카봉을 사용했는데…"라며 많이 아

쉬워했다.

"아빠가 찾아 줄 테니 걱정하지 마세요."

보안요원을 찾아 나섰는데 잠시 후 셀카봉을 손에 들고 있는 보안요원을 만났다.

"하이. 그 셀카봉이 내 것인데 차에 두고 오겠다."

"Ok."

흔쾌히 웃으며 돌려준다.

괜찮은 곳을 사진 찍으면서 슬쩍 뒤를 보니 보안요원은 먼발치에서 나를 지켜보고 있었다. 진짜 주차장으로 가는지 지켜보는 것 같아서 밖으로 나와 나무 밑에 잘 숨겨두고 돌아갈 때 가지고 갔다.

놀이동산은 밤이 되면 많은 불빛으로 인해 또 다른 화려한 세상이 펼쳐진다. 9시 10분경 불꽃놀이를 한다고 했다. 중앙광장에는 많은 사람들이 앉아 있었다. 40분까지 기다렸으나 하지 않았다. 약속 시간으로 밖으로 나오는 도중 쉬엄쉬엄 폭죽이 터졌다.

"왜? 정해진 시간에 하지 않는 거니?"

나무에 가려서 잘 보이지는 않았다. 불꽃놀이는 언제 보아도 마음을 설레게 하는 묘한 매력이 있다. 필리핀에 살면서 불꽃놀이와 폭죽 소리를 많이 들었다.

31. 인생과 야구는 끝나야 알 수 있다 - LA 다저스 구장

스포츠 경기 중 야구는 시간 제약이 없기 때문에 본 경기는 9회 말투 아웃부터라는 말이 있다. 정해진 규칙과 통계를 중요하게 생각하지만, 상황 변수가 많다. 마지막까지 포기하지 않고 끝까지 최선을 다하면 한순간에 역전 우승을 하기도 하는 묘미가 있다. 세상살이가 새옹지마이며 사람 팔자가 한순간으로 달라지는 것을 가끔 본다. 야구가 인생과 닮았다고 사람들이 열광하고 좋아하는 것 같다. 한 치 앞을 볼 수 없는 것이 인생이기에 일희일비하지 않는다.

'진 인 사 대 천 명.'

내가 처한 환경과 현실이 마음에 들지 않더라도 기대를 가지고 하루를 산다. 끝은 알 수 없다. 소풍 같은 나의 삶이기에 주어진 운명 앞에 마음을 비운 지 오래다. 어찌할 수 없는 것은 받아들이며 최선을 다해 살아가고 있을 뿐이다.

게티 센터에 가기 전에 야구를 좋아하는 효준이를 LA 다저스 구장에 내려주었다. 경기는 뜨거운 햇살이 내리쬐는 1시부터다. 혼자만이라도 가고 싶었던 야구장에서 경기를 보러 가는 것이 신나는지 달려간다. LA 다저스의 구장은 1962년 개장 이래 줄곧 '다저스타디움'이란 명칭으로 통한다. 올해 홈 경기당 평균 4만5000명에 육박하는 관중을 동원하여 5년째 이 부문에서 메이저리그 전체 1위를 달리고 있다. 오늘 류현진 선수가 출장했다면 모두 구경 갔을 것이다.

오늘 경기가 어땠는지 물어보니 LA 다저스는 애틀랜타 브레이브스를 10회 말 끝내기로 5:4로 승리했다고 한다. 션 로드리게스선수와 맷 켐프

선수를 직접 보고 사진을 찍어서 좋았다며 미소를 지었다. 응원한 팀이 승리해서 행복했을 것이다. 학교 대표 선수로 여러 번 시합에 출전했기에 유명 선수를 경기를 보는 마음이 일반 관중들과는 달랐으리라 생각한다.

시애틀에서는 아침에 세이프코 필드에 갔었는데 경기가 없어 문이 닫혀 있었고 조용했다. 야구장 주위를 함께 걸으며 창살 사이로 경기장을 구경했다. 캐나다 토론토 로저스 센터는 버스를 타고 가면서 창밖으로 보았다. 호텔 체크인하고 저녁 산책하는 중 가게에서 로저스 세터 야구 모자를 샀다.

32. 돈을 이렇게 쓰고 싶다 - 게티 센터

주일예배를 남가주 사랑의 교회에서 드렸다. 미국에 있는 이민교회 중에서 규모가 제일 크다고 한다. 1988년에 개척하고 현재 4천여 명의 교인이 있다고 한다. 대학생 때 제자훈련으로 유명한 사랑의 교회 주일예배에 참석해서 들었던 옥한흠 목사님의 설교 말씀이 생각났다. 로스앤젤레스 코리아타운에 있다고 생각했었는데 1시간 거리의 애너하임에 있었다. 이민자들에게 교회는 신앙생활과 다른 기능을 많이 하고 있다. 처음 낯선 곳에 와서 정착하고 살아가는 데 정보를 얻고 친교 하는 사랑방 역할을 한다. 건물 외관은 일반적인 교회와 생각했던 것과는 달랐다. 건물 내부는 넓은 직사각형이었고 예배 분위기는 한국의 대형교회와 비슷했다. 예배를 드린 후 교회에서 점심 식사를 했다.

로스앤젤레스 관광 인기투표에서 상위권에 있는 게티 센터에 갔다. 어렸을 때 장래희망은 사회사업가였다. 돈을 많이 벌어 돈이 없어 생활에 곤란한 사람과 하고 싶은 일을 하지 못하는 사람에게 도움을 주고 싶었다. 박물관을 지을 생각까지는 하지 않았다.

형님께서 우리를 위해서 운전을 하셨다. 오래전에 한 번 와 보셨다고 한다. 내비게이션은 도착했다고 하는데 큰 건물이 보이지 않는다. 유명한 관광지라고 하면서 이정표가 없는 것이 이상했다. 유턴하고 조금 헤맸다. 대형 마트 주차장보다 더 넓은 주차장에 주차하고 이동수단인 트램을 10분 타고 도착했다. 언덕 위 흰 건물 5동이 뜨거운 햇살을 받으며 우뚝 서 있다.

'로스앤젤레스의 파르테논'이라고 불리는 것처럼 실제 보니 비슷하다. 산 위의 위치하고 있어 전망이 좋았다. 넓은 대지 곳곳에 있는 정원은 정갈하게 관리되었고 조경이 아름다워 인상적이다. 이곳은 석유 부호 폴 게티(Paul Getty)가 개인 자금으로 설립하고 전시품 대부분이 개인 소장품이라는 사실에 감탄했다. 10년 공사 기간에 1조 원이 들었다고 한다. 입장료가 무료라고 하는 사실에 제대로 된 기부 문화의 진수를 보는 것 같았다. 우리나라도 이런 곳 하나쯤 있으면 좋겠다는 생각이 들면서 부러웠다.

우리나라 사람들은 아직 개인 박물관의 전시품이 좋아도 입장료 내는 것을 부담스러워 한다. 주인은 운영하는 데 경제적 어려움을 호소한다. 많은 사람들이 넓은 박물관에서 여유 있게 관람하고 여유롭게 쉬기도 한다.

뜻밖에도 고대 그리스 조각과 회화부터 고흐의 '아이리스', 루벤스의 '한복 입은 남자', 세잔의 '사과' 등 많은 거장들의 작품들이 반가웠다. 전

시품들이 생각보다 많아서 구경하는데 하루 종일 시간을 보내도 될 것 같다. 둘러보니 세계 유명 박물관과 비교해도 손색이 없다. 작품을 구경하다 잠시 테라스로 나왔다. 햇살이 쨍쨍하게 내리쬐는데 눈부시다.

연한 녹색의 산과 10차선 도로에 차들이 가득하다. 저 멀리 로스앤젤레스 다운타운에는 생각보다 고층빌딩들이 많이 없다. 희뿌옇게 스카이라인을 이루고 있다. 전형적인 미국의 도시 풍경이다. 현대적인 감각의 신전 아래에 있는 야외 정원에는 아름다운 조경들이 조화롭다. 분수의 찰랑거리는 물소리가 들린다. 돌로 만든 요정들이 풍경을 완성한다. 이곳은 부유하며 멋있게 살다간 인간의 인생과 예술이 있었다. 부러운 마음을 잠시 놓아두고 나무 그늘 아래에 있는 벤치에 누워 낮잠을 자면 좋겠다.

ⓘ Tip

여행을 다녀와서 '라라랜드'를 보았다. 다녀온 여러 곳이 보여 반가웠다. 영화를 보면서 아쉬웠던 것은 그리피스 천문대를 가지 못한 것이다. 여행하기 전에 보았다면 게티 센터와 가까워서 보러 갔을 것이다. 야경이 아름답고 멋있으니 꼭 가보길 바란다.

33. 평화로운 주택단지와 돌고래 - 발보아 섬

뉴포트비치에 도착했다. 발보아 섬은 이곳에서 배로 1분이 채 걸리지 않는 바로 눈앞에 보이는 작은 섬이다. 배 운임이 한 사람당 1달러다. 배 타는 시간까지 1시간 30분 남아서 여유롭게 걸었다. 해안 주변으로 크고 작은 개인 주택들이 개성 있게 잘 꾸며져 있다.

집 앞 작은 공간에는 사는 사람의 성격이 보이는 특색있는 예쁜 화단

이 있었고 개성 있고 독특한 외부 장식들을 보는 재미가 있었다. 대부분 은퇴한 어르신들이었는데 차를 마시거나 신문을 보고 음악을 듣고 있었다. 집 가꾸는 것을 소일거리 삼아 지내는 것 같기도 하다. 여유롭게 사는 것처럼 보여 부러웠다. 나라면 어떻게 꾸몄을까 생각했다. 간간히 렌트한다는 표지판이 보인다. 가격이 만만치 않았다.

발보아 섬에 도착해서 크루즈를 타는 곳을 물었는데 처음 알려준 곳과 다른 곳을 다시 알려준다. 사무실에서 돌고래와 바다 위에 나온 큰 고래 사진을 보니 가슴이 설렌다. 지금까지 실제 본 적이 없었던 큰 고래를 볼 수 있을까? 승선카드를 작성하고 적당한 크기의 배를 탔다. 선장이 설명하는 것을 들으니 우리나라 유람선에서 설명하는 것과 비슷하다.

요트 위와 등대 위에 물개들이 여러 마리 올라와서 쉬고 있다.

육지에서 멀리 나오지 않았는데 돌고래들이 무리를 지어 유영을 즐기고 있다. 배와 같은 속도로 옆에서 달리기 시합을 하는 것 같다. 사람들의 탄성과 카메라 찍는 소리가 배 안에 가득하다. 무엇 때문에 이렇게 좋아하는 것일까? 신기한가 보다. 우리 가족은 필리핀 보홀에서 돌고래는 많이 보았지만, 다시 보니 반가웠다. 그러나 기대하고 고대했던 큰 고래는 흐린 날씨 탓인지 보지 못해 많이 아쉬웠다. 좀처럼 오기 힘든 기회인데 언제쯤 볼 수 있으려나.

> ### ⓘ Tip
>
> **관광 정보**
>
> Whale Watching & Dolphin Cruise
> 1인 32달러×4인×세금=140.76달러
> 할인 행사를 하여 이날은 할인된 가격으로 구경했다.

34. 자본주의 끝판 - 유니버설 스튜디오

로스앤젤레스는 엔터테인먼트의 도시로 알려졌다. 대규모 테마파크가 5개나 있다. 유니버설 스튜디오는 미국 유명 영화를 주제로 구성한 테마파크로서 동심을 자극하는 월드 디즈니랜드와 세계 2대 테마파크로 불린다. 샌 퍼낸도 계곡의 넓은 땅 위에 유명 영화의 세트와 특수 촬영 장면과 스턴트 쇼 등을 관람할 수 있다. 스튜디오 투어, 스튜디오 센터, 엔터테인먼트 센터 등 3구역이 있다.

효은이가 4살 때 둘만 오사카, 교토, 나라를 여행했었다. 유니버설 스튜디오를 하루 종일 재밌게 구경했었다. 그때도 사람들이 많았는데 역시 이곳도 아침부터 사람들로 가득하다. 입구부터 상가들이 즐비하다. 분위기는 일본과 비슷하면서 규모는 더 넓다.

최근에 생긴 '해리포터의 마법의 성'에 들어가기 위해 줄을 섰다. 한 무리의 사람들이 우리가 줄 서 있는 옆으로 지나가더니 줄 서지 않고 입구에서 그냥 들어가버린다. 안내 직원에게 물었다.

"저 사람들은 왜 줄 서지 않고 그냥 들어가지?"

"저들은 다른 패스를 가지고 있다."

빠른 패스가 있다는 것을 미처 생각하지 못했다.

미국에서 철저한 자본주의의 한 단면을 보았다. 기회와 평등을 중요하게 여기며 민주주를 대표한다는 국가에서 국회의원과 권력자에게 합법적으로 로비를 하고 돈이면 다 해결된다고 하는 말을 들으며 실망했다.

뜨겁게 내리쬐는 태양 아래 그대로 노출된 상태로 빨리 입장하기만 기다렸다. 입장료를 비싸게 받았으면 햇볕 가림막이라도 설치하면 좋으련만 비가 내리면 그대로 맞고 있어야 한다. 땀은 흘러내리고 끝이 보이지 않는 줄이 굽이굽이 이어진다. 오후가 아니란 사실에 위안을 해보지만 2시간 30분을 기다린다는 것은 인내력 테스트를 하는 것 같다. 가끔 입장료를 2배 더 주고 구매한 사람들이 줄 서지 않고 그대로 입장하는 것을 보는 것은 더 짜증나고 더웠다.

오랜 기다린 끝에 입장한 곳은 '마법의 방'이다. 4평 정도의 작은 방에 사람들이 가득 찼다. 해리포터 영화 한 장면을 보여주고는 간단한 설명을 하더니 마법 지팡이를 판매한다. 이것을 보려고 땀 흘리며 기다린 것은 아닌데…

'이런…'

다시 다른 곳에 줄 서서 마법의 성을 날아다니는 듯한 착각을 하게 하는 트레인을 탔다. 영화의 장면처럼 푸른 계곡과 성 안팎의 장면들이 펼쳐지고 마법의 지팡이를 타고 빠른 속도로 날아다니는 것이 스릴 있다. 긴 기다림에 비해 탑승 시간이 너무 짧아 아쉬웠다.

'에이, 좀 더 길게 하지…'

만들기는 실감 나게 잘 만들었다.

중국 식당에서 먹고 싶은 음식을 주문해서 점심 식사를 했다. 해외에서 중국 요리는 입맛에도 맞고 가격대비 양도 많았다. 곳곳에 기다리는 시간이 적힌 안내판을 보면서 대기시간이 짧은 곳을 먼저 구경했다. 문제는 사람이 많다 보니 입장하기 위해 기다리는 시간이 아까웠다. 대부분 1시간이 넘었다. 옆 라인이 싱글 라인인데 앞으로 가는 속도가 우리가 서 있는 줄보다 훨씬 빠르다. 가족이 굳이 같이 탈 필요는 없다는 생

각이 들어 다음부터 싱글 라인에 섰다. 진도 나가는 것이 이제야 마음에 들었다. 어느 곳은 10분 만에 입장하기도 했다. 이 정도 기다리는 시간이면 양호하다.

영화를 촬영했던 곳은 셔틀버스를 타고 다녔는데 서부 영화에 나오는 작은 마을 앞에서 멈추었다. 맑은 하늘에 갑자기 폭우가 쏟아지고 도로로 물이 쏟아지는 것이 신기했다.

'아하… 이렇게 영화를 만드나 보다.'

재미있게 본 시리즈 '분노의 질주'는 입체 영상으로 보았다.

마릴린 먼로로 분장한 매력적인 여인과 사람들이 사진을 찍고 있었다.

"어디에서 왔나요?"

"한국에서 왔어요."

"오, 그래요? 안녕하세요. 반갑습니다."

트레이드 마크인 윙크를 하고 입술을 삐쭉 내민다.

직원에게 카메라를 맡기고 찍어달라고 했다. 확인을 하니 10장을 찍었는데 모두 비슷한 장면들이었다. 그중에 마음에 드는 사진을 한 장 건졌다.

돌아보며 구경하기엔 하루해가 짧았다. 어두워지기 시작한다. 돌아가기 위해선 1시간이 걸린다. 아쉬운 마음을 접고 돌아섰다. 불꽃놀이라도 보았으면 좋았을 텐데….

ⓘ Tip

1. 유니버설 스튜디오 입장료는 1인 110달러인데 UCLA에서 100달러에 구입했다.

2. 시간이 부족한 사람은 익스프레스 입장권을 사고 그렇지 않으면 싱글 라인에 줄을 서면 훨씬 빨리 입장할 수 있다.

3. 가능한 일찍 가는 것이 좋다. 보고 싶은 곳에 뛰어가서 줄 서자.

교통 정보

로스앤젤레스 - 라스베이거스
그레이하운드 11:35am~5:30pm
1인 22달러×4인×세금=98달러

35. 라스베이거스의 야경과 호텔은 최고였다

로스앤젤레스에서 그레이하운드를 타고 라스베이거스로 가는 도로 옆으로 황량한 광야가 펼쳐지고 간간이 키 작은 잡풀만 보였다. 카우보이들이 달리는 영화에서 보았던 풍경이 펼쳐졌다. 햇살이 잔인할 정도로 뜨겁고 건조해 보인다. 한 남자를 사막 한가운데 차에서 내리고 하고는 생수 한 병을 던져주고 떠나는 영화가 생각났다. 불볕 같은 햇살이 내리꽂히는 이곳에서 홀로 낙오되면 살아나오기 힘들 것 같다.

1936년 미국 경제 대공황을 극복하기 위해 네바다 주 남동부 사막에 세계 최대의 후버댐이 건설되었다. 사막 한가운데 라스베이거스라는 거대한 오아시스를 만들어 24시간 불이 꺼지지 않는 도시를 만들었다. 도박과 유흥 시설에 사람이 모이면서 급성장해서 미국 최고의 관광 도시라 불린다. 사막에 도시를 건설했기 때문에 크지 않다고 들었다. 그러나 도시 입구에서부터 도시 규모가 의외로 넓다. 곳곳에 높은 빌딩이 보이기 시작했는데 금색으로 'Trump'라고 적힌 빌딩이 눈에 먼저 띈다. 버스 터미널로 가는 길에 제법 큰 호텔들이 많이 보인다.

오후 5시 40분에 버스 정류장에 도착해 바깥으로 나오니 아직도 뜨거운 열기가 느껴진다. 현재 기온이 섭씨 44도를 가리키고 있다. 다행인 것은 카타르처럼 습하지 않아서 옷이 몸에 감기진 않았다. 한국도 연일 최고 온도를 갱신하고 있는데 여기에 비하면 견딜 만한 것 같다.

우버 택시를 타고 예약한 호텔에 여장을 풀었다. 이곳도 여행자들이 많이 오는 곳인지 배낭여행자들로 붐볐다. 더블 침대 두 개와 탁자와 샤워실이 있는 화장실 있다. 지금까지 머물렀던 호텔은 어디나 비슷한 것 같다. 바깥이 너무 더워 나가고 싶은 마음이 지금은 없다. 해가 서서히 떨어지기 시작하면 나가야겠다. 2층 룸으로 올라오면서 보니 1층에 수영장이 있었다. 수영하면 좋은데 수영복을 챙긴다고 생각을 하고 잊어버렸다.

어둠이 내리면서 여기저기 화려한 불빛들이 얼굴을 내밀기 시작한다. 건물과 거리는 낮과는 다른 색과 모습을 보여주기 시작했다. 도심의 열기는 곳곳에서 뿜어내는 시원한 분수로 인해 조금 식혀지는 것 같다. 스트립 거리는 불야성의 명성답게 멋진 네온사인과 사람들도 붐볐다. 유명한 호텔들을 걸으면서 구경했다. 지금까지 보아온 호텔들과는 규모와 시설에 있어서 한 차원 높아 보이고 급이 달랐다. 웬만한 위락시설보다 넓고 고급스러우며 볼거리가 더 다양했다. 우리나라에도 이런 호텔 하나쯤 있으면 많은 사람들이 찾는 훌륭한 관광명소가 될 것 같다.

호텔에 들어서니 창녕에 있는 부곡 하와이에 온 듯하다. 오래 전 가족여행으로 몇 번 가서 재미있게 놀았었는데 최근 경영 악화로 문을 닫았다는 안타까운 뉴스를 보았다. 어느 호텔은 베네치아를 옮겨 놓은 것처럼 실내에 운하를 만들어 물이 흐르고 곤돌라의 사공들이 관광객을 태우고 노를 저으며 노래를 부른다. 어느 호텔은 실내 규모가 엄청나게 넓고 높다. 분명 밖은 어두울 텐데 천장을 보니 파란 하늘에 흰 구름이 떠 있다. 진짜 하늘인 것처럼 착각하게 만든 천장이었다. 어떤 호텔은 유럽의 도심에 있는 광장을 옮겨놓은 듯하다. 무대에서는 가수가 흥겨운 노래를 부른다. 광장에 모인 사람들은 즐겁게 노래를 듣고 박수를 친다. 『아라비안 나이트(천일야화)』에 나오는 신비로운 세상이 이러했을 것 같다. 이렇게 볼거리가 많고 재미있을 줄 알았더라면 좀 더 빨리 나올 것을 짧은 시간이 아쉬웠다.

하늘에 태양은 사라졌지만, 거리는 여전히 열기가 남아있었다. 한국 여름의 저녁 같은 기온이어서 그런대로 걸을만 했다. 화산 쇼를 하는 호텔에 도착하여 화장실에 다녀올 테니 1층에 있는 카지노 앞에서 기다리라고 하고 갔다. 역시 호텔 화장실은 깨끗하고 화려하다. 여행하면서 호텔 화장실을 가끔 이용한다. 볼일을 보고 나왔는데 아무도 없다. 구경하더라도 한 명은 기다리라고 말했는데 넓은 카지노를 둘러 보아도 보이지 않는다. 30분 넘게 찾아도 보이지 않아 걱정되기 시작했다. 야외 인공 폭포에서 화산 폭발을 주제로 한 쇼를 할 시간이 다 되어 시작하는 것을 보았다. 화산 폭발의 엄청난 소리와 뜨거운 열기가 전해진다. 사진 몇 장만 얼른 찍고 다시 호텔로 들어왔는데 여전히 없다. 어디에 있는 거니?

화산 쇼가 끝났는지 아내와 아이들이 밖에서 호텔로 들어온다.

"어떻게 된 거니? 얼마나 찾았는데?"

"아빠도 밖에서 쇼를 구경하는 줄 알았어요. 우리도 찾았어요."

"내가 분명 여기서 기다리라고 했지 않았니?"

"죄송해요."

기다리고 같이 쇼를 봐야 하는데 건너편에서 쇼를 보고 왔다고 했다. 나 같으면 이곳에 몇 번 확인하러 왔을 텐데 한 번도 오지 않고 자기들끼리만 쇼를 다 보고 온 것에 화가 났다. 당연히 같이 봐야지 나는 무슨 일이 생긴 줄 알고 얼마나 걱정을 했는데….

기대하고 보고 싶었던 '카쇼'의 공연은 목요일에 없다고 한다. 하필이면 왜 오늘 공연이 없는 것일까? 라스베이거스에 와서 유명한 쇼를 못 본다고 하니 이 또한 아쉽다. 언젠가는 다시 와서 여유롭게 제대로 즐기고 싶다.

아직 다 보지 못했는데 벌써 신데렐라처럼 돌아갈 시간이 되었다. 신데렐라의 마음이 나와 같았으리라. 시간이 너무 빠르게 흐르고 있다.

그랜드 캐니언을 관광하고 라스베이거스로 돌아오는 길에 언덕에서 내려다본 야경도 볼만했다. 깊은 밤에 비행기를 타고 고도를 낮추면서 시가지를 보는 것 같았다.

ⓘ Tip

1. 거리는 더워도 호텔 내부는 시원하고 볼거리가 많다. 다 보려면 부지런히 다녀야 한다.
2. 대부분의 호텔은 수영장이 있으니 수영복을 꼭 챙기자.

36. 가볍게 즐기는 카지노 게임

초등학생 때 사촌들과 친구들을 만나면 카드 게임을 즐겼다. '스페이드', '하트', '다이아몬드', '클로버' 4종류에 킹과 퀸과 조커가 조합된 52장을 가지고 하는 트럼프가 재미있었다. '원카드', '도둑 잡기', '포커'를 하면서 화투보다 카드가 친숙하고 잘 하기도 했다.

영화나 드라마를 보다 보면 카지노를 배경으로 주인공이 "잠깐" 하고는 손에 든 히든카드를 보이며 테이블에 있는 많은 돈과 칩들을 가져가는 장면은 보기만 해도 짜릿했다. 2003년 이병헌, 송혜교가 주인공으로 나온 드라마 '올인'을 재미있게 봐서 OST를 핸드폰 벨 소리로 저장하여 필리핀에서 즐겨 들었다.

라스베이거스에 오기 몇 달 전부터 가끔 카드 게임 룰과 하는 방법에 대해서 알아 보았다. 몇 년 전에 모 탤런트 장모가 100억 넘는 잭팟을 터트렸다는 뉴스를 본 적이 있다. 그곳이 이곳이다. 지금까지 행운권 추첨이나 복권과는 인연이 없었다. 이번에는 그런 행운이 나에게 올까? 혹시나 하는 즐거운 상상을 하면서 재미로 부담 없이 짧게 카지노를 즐겨 보고 싶었다.

호텔 1층에는 상상 이상으로 엄청난 넓이의 카지노가 있었다. 화려한 조명 아래 카지노를 즐기는 분위기와 기계 돌아가는 요란한 소리가 사람의 감정을 흥분시킨다. 많은 사람들이 여러 종류의 게임에 열중하고 있었다. 실내에 창문과 시계가 없는지 우선 살펴보았다. 영화에서 본 장면처럼 잭팟을 터트리고 기계에서 코인이 쏟아지며 환호하는 장면을 보고 싶었는데 보지 못했다.

'블랙잭'에 관심을 갖고 10분가량 뒤에 서서 구경했다. 딜러와 게임자가 너무 빨리 게임을 진행하는 것이 신기했다. 나는 카드 숫자 암산하기 바빴다. 게임자 앞에 많이 쌓여 있던 칩이 조금씩 딜러가 가져가는 것이 안타까웠다. 300불을 잃는 데 3분이 채 걸리지 않았다. 날강도에게 돈을 뺏기는 광경을 보는 기분이 들었다. 재미삼아 스트레스를 풀려고 왔다가 오기가 생겨서 더 할 것 같았다. 잠시 즐기러 온 나에겐 승산이 없다는 빠른 판단을 내렸다.

그렇다면 가볍게 할 수 있는 룰렛을 구경했다. 이건 진짜 운에 따른 것 같았다. 쇠 구슬이 굴러가다가 '데구르르' 하면서 속도를 줄이다가 어느 지점에서 멈춘다. 미리 걸어둔 숫자에 멈추면 돈을 따는 것이다. 그런데 숫자판이 너무 커서 확률이 적다. 어떤 사람은 거의 숫자판 3분의 1에 칩을 두었다. 다른 구역에 있는 슬롯머신을 구경했다. 일본에 많은 빠징고처럼 손으로 레버를 당기는 기계는 보이지 않고 버튼식만 보인다. 레버를 당기는 손맛과 쇠구슬 돌아가는 재미가 없어서 싱거워보인다. 10달러를 넣고 버튼을 몇 번 눌렀는데 삼십 초 만에 10센트만 남았다.

'아… 이게 뭐야 제대로 하지도 않았는데….'

'돈이 아깝다. 재미삼아 스트레스 풀려고 왔다가 오히려 스트레스 쌓이겠다.'

효준이는 슬롯머신에 1달러를 넣고 몇 번 베팅을 하더니 270달러를 챙겼다고 싱글벙글이다. 차이나타운에서 저녁 식사를 한 턱 쏘았다. 베이징 덕이 유난히 맛있었다. 귀국하면서 이번 여행 중에 가장 인상 깊었던 곳이 어딘가 물었더니 이곳이었다고 말했다.

ⓘ Tip

카지노 분위기를 구경하느라 게임을 제대로 못 했다. 마음의 여유를 갖고 차분한 마음으로 50달러는 해보는 것도 괜찮을 듯싶다.

숙소정보

Days Inn Las Vegas At Wild Wild West Gambling Hall
2박 3일 124달러

Las Vegas Hostel
1박 2일 106달러

엔텔로프 캐니언

37. 위대한 것은 하루아침에 이루어지지 않는다 - 엔텔로프 캐니언

그랜드 캐니언 여행은 라스베이거스에서 오고 가는 교통편이 불편해서 한인 여행사에서 운영하는 패키지 상품을 이용하려고 했다. 요세미티 국립공원 패키지 상품처럼 원하는 날짜에 출발하는 상품이 없을까 봐 조금 걱정되었다.

여행사 몇 곳에 전화를 해서 그랜드 캐니언에서 1박 2일 하면서 일몰과 일출을 보고 싶은데 그런 상품이 있냐고 문의를 하니 없다고 했다. 그러나 한 여행사에서 엔텔로프 캐니언, 홀슈밴드 이지 하이킹, 그랜드 캐니언 3곳을 관광하는 상품이 있으며 원래 1박 2일 코스인데 하루에 둘러보는 코스가 생겼다고 사장이 추천했다.

엔텔로프 캐니언은 한국에서부터 가고 싶었던 곳인데 막상 이곳에 오니 거리와 시간이 맞지 않아 마음속으로 아쉽게 포기했는데 횡재한 기분이 들었다. 빠듯한 하루 일정이기 때문에 다음날 밤 2시 50분에 가이드가 호텔로 픽업을 와서 다른 호텔 몇 곳을 둘러 여섯 사람들을 태우고 출발했다. 50대의 인상 좋은 가이드는 본인의 이름을 미국사람이 발음하기 쉽게 '치한'이라고 했다. 어두운 밤길을 몇 시간 달린 후 한적한 시골 마을에 있는 맥도날드에서 아침 식사로 모닝 세트를 먹었다. 한국에서 먹는 맛과 별 차이가 없었다. 크기가 클 줄 알았는데 비슷했다. 덩치 큰 미국인은 한 개 가지고는 부족할 듯하다. 5시간을 달려 엔텔로프 캐니언에 도착했다. 뜨거운 태양이 아침부터 사막을 달구고 있었다. 이곳은 70년 전에 발견되었고 사람들에게 알려지기 시작한 것은 20년 밖에 안 된다. 엔텔로프(Antelop)는 영어로 솟과에 속하는 초식동물인 영양이다. 오래전 인디언 소녀가 엔텔로프를 잃어버렸는데, 찾아다니다가 우연히 발견한 곳이어서 엔텔로프란 이름이 붙었다고 전해진다.

몇 해 전 사진으로 보았는데 지구에 이런 곳이 있는가 싶었다. 첫 느낌은 인위적인 조명이나 포토샵을 한 것이 아닌가 싶었다. 신비로운 빛의 마술이 펼쳐진 곳이 어딘가 싶어서 찾아보니 미국에 있는 엔텔로프 캐니언이라고 했다. 언젠가는 꼭 한번 가보고 싶었는데 지금 이곳 입구에 서 있으니 보고 싶은 사람을 만나는 것처럼 마음이 설렌다. 붉고 작은 돌이 많은 비탈진 곳을 조금 걸어 내려가니 갑자기 틈이 보이기 시작하고 협곡으로 향한 가파른 사다리가 있었다. 지금까지 본 협곡과는 또 다른 느낌이다. 습기라고는 전혀 없다. 오랜 세월 동안 틈이 생기면서 물과 바람이 흘러 들어가 땅 속에 협곡이 만들어졌다고 한다. 협곡은 생각보다 길었고 간간이 하늘이 보였다. 바닥은 바닷가에 있는 산호 잔해물처럼 부드럽고 고운 모래였다. 손가락 사이로 빠져나간다. 모래시계로 만들면 좋겠다는 생각이 들었다. 조금 가져가면 세관에 걸릴까? 망설이다가 그만두었다.

걷는 동안 어느 아름다운 별에 있는 듯한 착각에 빠지게 한다. 인간이 도저히 만들 수 없을 것 같다. 수억만 년이라는 오랜 세월에 걸쳐서 자연이 만들어 낸 훌륭한 예술 작품이다. '아름답다'란 말로는 끝내기에는 표현이 너무 빈약하다. 커다란 바윗결이 실타래를 꼬아 놓은 것 같기도 하고 명주 비단에 오렌지와 핑크색 물감을 들여 커텐처럼 펼쳐 놓은 것 같다. 어떤 곳은 피카소 그림처럼 난해한 작품을 만들어 놓은 것 같다.

어떤 말이나 글로도 설명하기 어려운 기묘한 형상과 색에 취해서 발걸음을 옮길 때마다 사진을 찍으면서 천천히 가고 싶은데 뒤에 팀의 가이드가 "빨리 빨리"라며 재촉한다. "오케이" 하면서도 내 발걸음은 앞으로 가기 아쉬워하고 있다. 협곡 깊은 곳으로 내려갈수록 빛의 세기가 줄어들면서 아름다운 빛깔이 더 신비로워지는 것 같다. 사진을 찍는 사람이라면 누구나 한 번쯤은 이곳에 와서 촬영하고 싶어한다고 하더니 무지개보다 더 황홀하게 한다. 지구인 듯 지구가 아닌 것 같았다. 지구에는 이런 비슷한 협곡이 많을 텐데 어떻게 이곳은 이렇게 신비로울까? 사막에 있어서 그런가? 형용할 수 없는 신비로운 색채가 아름다웠다. 어떻게 이런 색감이 나올까? 태양이 가려진 흐린 날에는 어떤 색깔일지 가이드에게 물어보지 못한 것이 아쉽다.

가이드가 일반 카메라로는 제대로 나오지 않는다고 해서 카메라 메뉴에서 화이트 발란스와 ISO를 다시 설정해서 촬영했는데 훨씬 멋지게 나온 것 같다. 한 시간 넘게 걸으면서 200여 장을 촬영했다. 지금 생각하니 사진 찍는다고 제대로 못 본 것같다. 사진을 보니 이랬었구나 하는 생각을 한다. 지금도 침식 작용이 진행 중인데 천 년에 1인치라고 하니 죽기 전에 다시 와도 크게 변해 있을 것 같지는 않다.

엔텔로프 캐니언은 나바호 인디언 자치구역 안에 있고 반드시 현지 인디언 가이드가 인솔해야 한다. 1997년에 유럽인 관광객 11명이 관광하던 도중 갑작스러운 빗물에 휩쓸려 참변을 당하는 사고가 일어난 이후 그런 규정이 생겼다고 한다. 계곡의 특성상 변화무쌍한 날씨에는 위험할 것 같다. 우리나라 여름에 갑자기 불어난 계곡에서 인명사고가 발생한다는 뉴스가 보도된다. 나바호 인디언은 현재 25만 명으로 현존하는 인디언 종족 중 가장 많은 숫자이다. 농경 인디언이기 때문에 자연에 순응하고 백인과 타협을 잘해서 얻은 수확이라고 생각한다. 끝까지 가늘고 길게 살아온 결과라고 생각한다.

전문 사진가들은 '눈과 마음, 영혼에 축복을 내리는 곳'이라고 했다.

진짜 신비로운 마법의 세계를 다녀온 듯하다.

ⓘ Tip

라스베이거스에서는 대중교통이 불편하다. 렌트해서 하루 동안 3곳의 캐니언을 자유여행을 하기는 힘들므로 패키지를 권한다.

170달러 × 4인 = 680달러 한화 761,600원 계좌이체

불포함 :
　입장료 33달러 × 4인 = 132달러
　팁 15달러 × 4인 = 60달러
　총 888달러 * 1,130원 = 1,003,440원

캐니언을 구경하는 곳은 두 군데가 있다. 자유여행이면 두 곳 다 가보는 것이 좋을 듯하다. 물론 입장료는 다르다.

Upper Antelope canyon: 하류에 위치해서 경사가 없으므로 노약자와 어린이가 구경하기 편하다.

Lower Antelope canyon: 좁은 계단을 오르락내리락해야 하므로 조심해야 한다. 지상세계에서 지하세계로 걸어가는 기분이 든다.

38. 지구는 어디까지 감탄하게 할 것인가? - 홀슈밴드 이지하이킹

홀슈밴드(Horseshoe bend)는 아리조나주 페이지에 있다. 차에서 내리니 뜨거운 열기가 '훅' 하고 들이민다. 건식 사우나에 옷 입은 채 들어선 기분이다. 난 이런 것은 좋아하는 않는다. 그러나 할 수 없다. 지금은 여행 중이기 때문이다. 이곳은 어떤 놀라운 자연경관이 있을까 기대하며 걸어간다. 사람들이 생각보다 많다. 주차장에서 뜨겁게 내리쬐는 태양을 온몸 그대로 받으며 비스듬한 경사길을 1km가량 걸었다. 커다란 파라솔이 있으면 좋겠다는 생각이 들었다.

동서남북을 둘러 보니 하늘과 땅이 맞닿은 지평선이 보이는 광활한 땅이다. 과연 넓기는 넓다. 사막과 울창한 산림과 설산을 다 볼 수 있어서 미국에 사는 사람은 좋겠다. 곳곳에 바위와 잡풀이 있는 이곳은 모래만 있는 사하라 사막과는 분위기가 다르다. 가이드가 생수를 얼려서 한 병씩 주었는데 비 오듯 쏟아지는 땀과 타는 목마른 가슴으로 도착하자마자 벌컥벌컥물 한 병을 다 비웠다. 조금씩 음미하면서 씹어 마셔야

하는데….

드디어 홀슈밴드가 깊이 휘돌아 파인 얼굴을 드러냈다. 여기서도 녹조 라떼를 본다. 저곳에 황포 돛배를 띄워 바람을 따라 물살을 가르고 싶다는 생각이 들었다. 콜로라도 강에 의해 오랜 세월 동안 깎이고 깎여 말발굽 모양으로 굽어진 모습이 장관이다. 말발굽 모양을 닮아서 홀슈밴드라고 한다. 도도한 강과 시간의 흐름에 의한 자연의 작품인 것 같다. 영월 동강과 예천 회룡포와 모양은 비슷한데 훨씬 넓고 깊어 어른과 아이를 보는 것처럼 차이가 크다. 지금도 침식 작용이 계속되고 있다고 하니 수십 년 후에는 어떤 형상으로 굽어 있을지 다시 와서 보고 싶다.

벼랑 끝에서 조심스럽게 다가가서 살짝이 아래를 내려다보니 아찔하고 까마득하다. 자칫 발을 잘못 디디면 추락 사고가 날 수 있는데 안전

장치가 없는 것이 이상했다. 자연을 훼손한다고 설치를 안 한 것일까? 그동안 사고가 나지 않았을까?

　가이드가 멋지게 사진 잘 나오는 장소에서 여러 모양의 포즈를 취하며 시범을 보인다. 보기에는 조금 위험해 보이지만 멋지게 나온다 하니 따라 해본다. 마음이 약해서 심장이 떨리는 사람은 엄두를 못 낸다. 가장자리 바위 끝에 먼저 엉덩이를 걸터앉고 앞으로 조금씩 나아가 자세를 잡는다. 파란 하늘과 광활한 대지를 무심한 듯 감탄하며 바라본다. 마침 파란 하늘에 새 한 마리가 날아간다. 여러 가지 많은 생각들이 머리에 머물렀다가 지나간다.

　잠시 후 몸을 약간 돌려서 모델처럼 자연스럽게 시선 처리도 하고 양반 자세를 취해서 사진을 찍었는데 원근감에 의해 가까이 있는 내 몸이 너무 크게 나왔다. 효은이에게 나는 조금 작게 하고 아래 홀슈밴드를 크게 나오게 조정해서 카메라를 주었다. 가이드가 찍은 사진보다 마음에 든다. 가이드가 카메라에서 나의 사진을 보더니 좋다면서 사진 찍는 방법을 가르쳐 달라고 해서 기본적인 구도를 알려주었더니 앞으로 사용해야겠다며 좋아했다.

　눈과 마음에도 담아두지만 이렇게 카메라에 담는 것이 시간이 지난 후에도 다시 보면 이때의 감흥이 되살아날 것 같다.

그랜드 캐니언

39. 지층의 무지개는 독특하게 아름다웠다

까마득한 아주 오랜 세월 전에 지구에는 거대한 지각변동이 일어났다. 멀쩡한 대륙이 사라지고 바다에 있던 새로운 대륙이 생겼다. 태초의 모습과는 다르게 세월의 흐름으로 자연이 만들어 낸 거대한 협곡은 생각보다 광활하고 깊었다. 이 정도는 되어야 '그랜드'라고 부를 수 있지 않을까? 협곡에는 여러 형태와 다양한 색을 가진 수평 단층들이 25억 년이라는 상상도 되지 않는 시간의 흐름 속에서 조금씩 만들어졌다. 100년 남짓 사는 인간으로서는 짐작조차 하기 힘들다. 이곳은 7,000만 년 전부터 500만 년 동안 바다가 융기되는 역동적인 지각활동이 일어났다고 한다.

일반적인 상식으로 융기라면 솟아 올라와 산이 되는 것이다. 그런데 이곳은 평탄한 지표면에서 갑자기 땅으로 꺼졌는데 깊이가 장난이 아니다. 광대한 광경은 내가 생각했던 것 이상으로 웅장하다. 그 당시 바다에 사는 물고기를 비롯한 해양 동식물들은 깜짝 놀랐을 거라는 생각이

들었다. 대부분 화석이 되었을 것이다. 이곳은 4개의 지질시대를 그대로 보여 주고 있다고 한다. 효은이 전공이 지질학이기 때문에 공부하는 데 많은 도움이 될 것 같다.

총 길이는 두 개 주에 걸쳐 447km로 뻗어 있는 거대한 협곡이다. 대구에서 서울까지보다 더 먼 거리다. 실제 보는 길이는 90km라고 한다. 깊이 1.6km, 너비가 500m~30km라니 직접 눈으로 보지만 상상 이상으로 엄청나다. 우리나라에 있었다면 어떻게 되었을까? 좁은 국토에 좀 더 좁았겠지만, 관광수입은 국가 경제에 엄청난 수익을 주었을 것이다.

신비롭고 웅장한 협곡이 바로 눈앞에 파노라마가 되어 펼쳐진다. 초현실적인 풍광을 보고 있어도 현실감이 들지 않는다. 거인이 두텁고 커다란 마분지를 마음대로 찢어놓은 듯 거칠면서 묘하게 매력적이다. 지구의 지질 역사가 켜켜이 쌓아 놓은 시루떡 같이 보인다. 웅장한 위용에 할 말을 잃어버리게 한다. 사진으로 보았던 것보다는 규모가 훨씬 더 웅장하고 위압감이 느껴진다. 아마 혼자 여행 중이었다면 보기가 너무 아까웠을 것인데 가족이 곁에서 함께 보고 있으니 너무 좋다.

바위 모퉁이에 걸터앉아 다시 한 번 마음에 담아본다. 까마득하게 보이는 아래로 황토색의 강이 소리 없이 흐르고 있다. 지렁이 같은 가느다란 길도 보인다. 실제로 원하는 사람들은 며칠 동안 하이킹을 한다고 한다. 아마 나에게 날짜가 더 주어졌다면 하이킹을 했을 것이다. 숨겨진 절경의 협곡 사이를 걸어가면서 거칠고 훼손이 거의 되지 않은 태고의 신비를 느껴보고 싶다. 다시 시선을 협곡을 따라 올라와 주변을 둘러본다. 사람이 생각하고 느끼는 시간과 존재의 의미가 한없이 작아지는 순간이다. 겸손해질 수밖에 없다. 지층마다 사람이 만들어 낼 수 없는 오묘하고 독특한 다른 색깔들을 보여준다. 그랜드 캐니언을 지층의 아름 다운 무지개라 부르고 싶다.

이곳은 매년 약 5백만 명 이상의 관광객이 찾아오는 세계적인 국립공 원이다. 방문자의 83%가 미국 국내 여행자라고 한다. 일출과 일몰에는 어떤 색깔로 민낯을 보여줄지 궁금하다. 이곳에서 텐트 치고 하룻밤 캠 핑하면서 시시각각으로 변하는 캐니언을 마주하고 싶다. 밤하늘에 반짝 이는 많은 별들은 얼마나 찬란한 빛의 잔치를 벌일 것인지 생각만 해도 황홀하다.

이곳에 사는 여러 야생 동물 가운데 노루와 비슷하게 생긴 덩치 크고 순한 사슴과 종류를 보았다. 한 마리도 아니고 여러 곳에서 여러 마리 들이 한가롭게 풀을 뜯고 있다. 가이드는 여러분들이 복이 많아서 그렇 다고 말하며 보게 되어서 기분 좋다고 말한다.

앞좌석에서 이런저런 이야기를 하며 친하게 된 가이드에게 블로그에 여행에 관련된 포스팅을 하고 있다고 하니 관심을 가졌다. 일정에 없는 커다란 댐을 보여주며 친절하게 설명을 잘 해주었다. 패키지는 어떤 가 이드를 만나는가에 따라서 여행의 질이 좌우된다.

이날은 하루 종일 1,120km를 달려 밤 9시 20분에 호텔에 도착했다. 엄청난 거리의 살인적인 거리를 가이드 혼자서 운전했다. 호텔로 오는 동안 가이드의 졸음과 건강이 염려되었다. 자유여행으로는 하기 어려 운 하루 코스인데 덕분에 구경을 잘해서 고마웠다. 기대 이상으로 웅장 하고 멋지고 아름답고 광대해서 오랫동안 내 가슴에 남아있을 것 같다. 나의 인생 사진도 이곳에서 찍었다. 내 인생 책갈피에 꽂혀있어서 생각

날 때마다 하나씩 꺼내어 이날의 감동을 떠올리고 싶다. 내 삶의 여정 지도 위에 또 하나의 특별한 장소가 추가되어 여행 온 보람이 있다. 가족에게도 같은 느낌이었으면 좋겠다. 하루 종일 자연의 위대한 서사시를 가슴 가득 담았다.

돌아오는 길에 저 멀리 잔뜩 검은 구름으로 가득한 잿빛 하늘이 보인다. 아마 비가 내리고 있으리라. 자연이 우리에게 주는 반갑고 고마운 선물처럼 느껴진다. 가는 도중 곳곳에서 소나기를 만나고 개이기를 반복한다. 기후의 변화가 많이 있는 것 같다. 차 안이어서 좋다.

후버댐을 스치듯 지나니 저 멀리 불야성의 라스베이거스가 보석을 뿌려 놓은 듯 화려하게 반짝인다. 신비로운 우주의 어느 별을 여행하고 다시 지구로 귀환하는 것 같다.

3 캐나다 동부 여행

토론토

40. 낯선 곳에서의 아침 산책은 신선한 과일 향이 난다 - 켄싱턴 마켓

2017년 7월 11일 밴쿠버로 입국하여 미 동부와 엔텔로프 캐니언과 그
랜드 캐니언을 여행하고 라스베이거스에서 29일 낮 12시 20분 비행기를
타고 7시 35분에 캐나다 토론토에 도착했다. 라스베이거스와는 3시간,
서울과는 13시간의 시차가 있다. 캐나다에 도착하니 왠지 마음이 푸근
해진다. 며칠 전 밴쿠버를 경험했기 때문이다. 입국 수속도 간편하게 기
계에 입력하면 끝이다. 이번엔 효준이, 효은이가 했는데 뒤에서 지켜보
면서 이제 다 컸구나 하는 생각이 들면서 흐뭇했다. 증명사진을 찍을 때
표정관리에 신경을 써서 지난번보다는 잘 나왔다. 기념으로 보관하고
싶은데 제출해야 하므로 카메라에 담았다. 피곤하기 때문에 우버 택시
를 타고 예약한 APT에 가려고 검색을 하니 부근에 없다고 나왔다.

'이상하다. 공항이기 때문에 많이 있을 줄 알았는데 다른 승객들이 타
고 나갔나?' 하는 생각이 들었다.

여행 안내소에 예약한 APT 주소를 보여주니 자세하게 가는 방법이 한글로 적혀 있는 이정표를 출력해 준다. 예상하지 못했던 친절이 반갑고 고마웠다. APT까지 40분 걸리는데 택시비가 70달러 정도 나올 것 같다고 말한다.

"어떻게 하면 좋을까?"

"그냥 스카이 트레인과 버스를 타고 가요."

절약하려는 마음이 기특하면서 한편으로는 마음이 짠했다.

새로운 도시에서 도착하여 밤 늦은 시간에 스카이 트레인과 버스에 탄 사람들을 바라보며 어두운 거리를 구경하며 즐겼다. APT인데 밤늦은 시간에 주인은 어떻게 만날까 걱정이 되었다. 효준이가 스마트폰 앱을 보면서 앞장서서 안내한다. 스카이 트레인을 두 번 갈아타고 다시 버스로 갈아 타고 10시 넘어서 주소가 적힌 곳에 도착했다. 뜻밖에도 식당이었다.

식당 문을 열고 들어가니 중국인 아저씨와 아들인 듯한 청년과 아주머니가 있었는데 조금 당황하는 듯했다. 서로 중국말로 모니터와 출력한 종이를 보면서 한참을 이야기한다. 분위기로는 뭔가 이상하다. 우리를 10분쯤 떨어진 다른 곳으로 안내했다. 그런데 그곳은 건물을 새로 짓고 있는 중이었다. 건축자재들이 많이 쌓여 있었고 실내도 공사 중으로 어수선했다. 1, 2층은 원룸처럼 긴 복도 양쪽으로 문들이 있었다.

예약한 APT(?)는 2층 건물 옥상에 있다. 최근에 증축을 한 듯 모래와 시멘트가 쌓여 있다. 지금도 공사가 한창 진행 중인 것 같다. 짐작하건데 관광객들이 인터넷으로 많이 찾아와서 방을 계속 만드는 것 같았다. 현관문을 열고 들어가니 부킹닷컴에서 본 사진과는 다른 모습이다. 이런 내가 생각했던 APT가 아니었다. 아내와 아이들의 표정이 실망한 듯 밝지가 않다. 넓지 않은 실내는 스튜디오처럼 꾸며져 있다. 주방과 방 하나가 같이 있고 다른 작은 방이 하나 있다. 깨끗했지만, 천정의 한쪽 은 떨어질 듯 불안해서 황당했다. 그나마 화장실은 현대식으로 샤워부 스도 있고 깔끔했다. 상트페테르부르크 아파트를 생각하고 호텔보다 더 비싼 돈을 내고 4인으로 예약했었다. 그런데 더블베드와 싱글베드만 있 었다. 주인이 오래된 간이침대를 따로 가져다주었다. 상트페테르부르크 에서 3박 4일 머문 APT와 차이가 너무 난다. 이렇게 하고 손님을 받다 니 이해가 되지 않아 화가 나려고 했다. 사장이 미안해하고 착해 보여서 컴플레인 하지는 않았다. 벽은 합판 한 장만 되어 있어서 방음이 전혀 되지 않았다. 옆방 커플의 이야기 소리가 생생하게 들렸다. 새벽에 잠시 눈을 떴을 때도 이야기를 하고 있었다. 아마 밤새도록 이야기하고 있는 듯했다. 숙박비가 아까웠다.

다음 날 아침, 산책을 하기 위해 아내와 길을 나섰다. 나는 낯선 곳에 도착하면 주변을 돌아보며 걷는 것을 좋아한다. 호기심이 많아서 이곳 에는 어떤 것이 있을까 궁금하다. 선선한 기온이 반갑고 공기가 달아서 여행자를 상쾌하게 한다. 어제는 뜨거운 햇살이 내리쬐는 44도를 경험 한 라스베이거스에 있었다. 지금은 토론토를 걷고 있다니 세상은 넓으면 서도 좁다.

유럽의 분위기가 나는 이국적인 유럽풍의 집들과 건물에는 한문으로 된 간판들이 많이 보여 이색적이다. 한문 간판이 많이 있는 것을 보니 여기도 차이나타운인 것 같다. 이번 여행의 숙소는 여행하기 편리한 다 운타운에 예약했다. 도착하고 보니 대부분 차이나타운이다. 이정표에

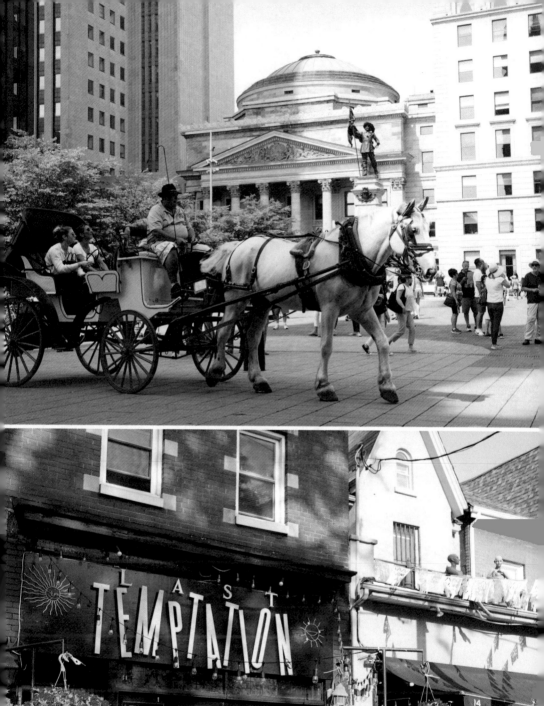

켄싱턴 마켓이 있었다. 익숙한 이름이어서 검색해 보니 토론토에서 유명한 마켓이다. 현재 시각 8시 30분, 대부분 가게들은 아직 문이 닫혀 있거나 준비를 하는 중이었다. 모든 가게들이 문을 열면 볼거리들이 많을 것 같은데 아쉬웠다.

문 열린 과일 가게에 들어가니 준비 중이니 30분 후에 오라고 했다. 오랜만에 진한 커피 향이 좋은 커피 전문점에서 커피와 샌드위치를 먹으며 아이들이 좋아할 망고를 사기 위해 기다렸다.

ⓘ Tip

항공 정보

라스베이거스 - 토론토
Westjet 항공 12:20pm ~ 7:35pm
1인 151,244원 + 세금 31,800원 × 4 = 732,177원
수화물 개당 25달러

숙소 정보

Dundas Apartments & Suites
1박 2일 예약 CA $ 246.14
결제 13% 세금(32) CA $ 278.14

Days Hotel Buffalo Airport
2박 3일 US $ 216.40
(취소했다. 그러나 숙박도 못 했는데 결제되었다)

---

41. 돈 많은 그는 행복했을까? - 카사로마

중학생 때 다니엘 디포(Daniel Defoe, 1660~1731)의 『로빈슨 크루소』(1719)가 재미있어서 몇 번 읽었다. 나 혼자 무인도에 살게 되면 통나무로 집을 짓고 안에는 어떻게 꾸미며 생존을 위해서 어떻게 할 것인가 생각만해도 즐거웠다.

평소에 건축과 인테리어에 관심이 있다. 제주도에서 올레가 가깝고 바다가 보이는 곳에서 황토방이 있는 통나무집을 짓고 살고 싶다. 아침, 저녁과 달마다 바뀌는 제주도를 여행하며 사진 찍고 글 쓰면서 살고 싶다. 여유 시간에는 텃밭을 가꾸며 감나무, 살구나무, 밤나무에서 수확하는 기쁨을 누리며 살고 싶다.

토론토에 오면 꼭 봐야 한다는 지인의 소개로 '카사로마'에 택시 타고갔다. 1900년대 캐나다 최고 갑부였던 헨리 펠라트 경이 지은 집으로 유럽 여행하면서 많이 보았던 중세 느낌이 나는 성이다. 그러나 생각만큼 크지는 않았다. 여행하면서 웅장하고 화려한 왕궁들을 많이 보았기 때문이다.

이 집 주인은 돈이 많은 사람이었다. 그는 '카사로마'라는 사암으로 된 쌍둥이 탑 모양의 7층 규모 카멜롯 성을 지었다. 스코틀랜드 석공들을 불러서 건축했다고 한다. 이 집을 짓기 위해 3년 동안 300명 인원과 350만 달러가 들었다고 한다. 박물관이 아닌 개인이 살았던 집인데 입장료가 27달러로 비쌌다. 로스앤젤레스에서 보았던 게티 센터는 이 집보다 수십 배는 크고 볼거리가 더 많아도 무료인데 좀 심하다는 생각이 들었다.

토론토는 구경할 곳이 별로 없어서 많은 사람이 이곳으로 온다고 한

다. 입장 수입만 해도 엄청날 것 같다. 로비에 들어서니 18m 높이의 천정에는 깃발이 걸려 있고 샹들리에가 보인다. 한 쪽에는 오르간이 있고 갑옷들이 전시되어있다. 자기 취향대로 98개 방에 수집한 것들로 꾸며놓았다. 서재에 관심이 있어서 어떤 책들이 있나 살펴보았다. 장식용인지 읽기는 다 읽었을까 궁금하다. 돈이 많으니 본인이 하고 싶은 일은 다 할 수 있어서 좋았을 것 같다.

더운 날씨에 사람이 북적거리는 좁은 공간에서 땀 흘리며 구경하는 것은 그렇게 즐겁지 않았다. 망루로 올라가기 위해서 많은 사람들로 인해 더운데 줄을 서서 기다리고 좁은 철 계단을 오르내리는 것은 힘들었다. 빛바랜 붉은 벽돌로 만든 벽에는 여러 나라의 글씨로 된 낙서들이 많았다. 한글이 몇 개 보였다. 한 청년이 벽에다 하트를 그리고 글을 쓰고 있다. 아마 '누구누구 영원히 사랑한다.'라고 적을 것이다. 바라보고 있는 여자 친구를 위해서 애쓴다 싶었다.

관람한 소감은 감탄할 정도는 아니고 27달러의 가치가 있긴 않았다. 효준이와 효은이가 재미있어하며 자세히 보지 않아서 괜히 왔다는 생각이 들었다. 한 번쯤은 볼 만하나 군이 권하고 싶지는 않다. 그는 이 집에서 얼마만큼 행복했을까? 어쩌면 나름대로 가치 있고 보람된 일도 했으리라 믿고 싶다.

APT에서 '카사로마'로 올 때 택시 요금을 13달러 지불했다. APT로 돌아가기 위해 택시를 불러 탔는데 올 때와는 다르게 중심가로 간다. 당연히 교통체증이 심하여 신호마다 대기했다. 출발하기 전에 숙소 주소를 알려주었는데 차이나타운에 와서는 다른 길로 가면서 확실히 모르겠다면서 두리번거린다. 내가 저쪽이라 말하고 유턴을 해서 숙소 건너편 도로에 세워달라고 했다. 미터기에 20달러가 찍혀있었다. 어이가 없어서 부당함을 이야기했다.

"아침에 올 때는 13달러였는데 왜 이렇게 많이 나왔나?"

"교통체증 때문에 그런 것을 나보고 어쩌란 말인가?"

"굳이 시내 중심가로 올 필요도 없었고 내가 주소를 주었는데 왜 차이나타운에 와서 엉뚱한 길로 가서 유턴했나?"

"교통경찰을 불러라. 나는 잘못이 없다."

'요런 당돌한 녀석을 보았나?'

택시기사로 인해 캐나다에 대한 좋은 이미지가 반감되는 순간이다. 패키지 팀을 만나기로 한 약속 시각이 얼마 남지 않았고 실랑이하기 싫어 그렇게 살지 말라고 말하고서 17달러만 주고 그냥 내렸다.

42. 토론토는 뜨거웠고 씨티 ATM기는 없었다 - 신, 구 시청

캐나다 동부의 7월은 20도 내외로 선선하다고 해서 긴 남방을 준비했다. 그런데 우리가 도착한 날부터 평균 34도를 넘나드는 뜨거운 폭염으로 땀 흘리며 다녔다. 5박 6일의 여행일정을 마치고 미국으로 오는 다음날부터 기온이 예년 기온인 17도로 내려갔다고 토론토 교외에 살고 있는 블로그 이웃인 리사님이 카톡으로 말해주었다.

숙소에서 패키지 팀을 만나러 시청 가는 길에 씨티은행 본점의 높은 건물이 보여 반가웠다. 약속 장소에 가족들이 먼저 가고 나는 쏟아지는 햇살을 맞으며 20여분을 걸어 도착했다. 웬걸? ATM기가 보이지 않는다. 1층 로비에서 안내하는 직원에게.

"ATM기가 어디 있나요?"

"없습니다."

"네? 은행인데 왜 ATM기가 없지요?"

"글쎄요. 많은 사람들이 헛걸음치고 갑니다."

"그럼 어디에 있나요?"

"아마 캐나다에는 없는 것으로 알고 있습니다."

'어떻게 이런 일이…'

캐나다 최대도시 토론토에 씨티은행 ATM기가 한 대도 없다는 것이 상식적으로 이해가 되지 않았다. 최소한 본점에는 있어야 되는 것이 아닌가? 25년 동안 거래한 나를 허탕치게 만들었고 이곳을 찾는 씨티 고객에게 실망을 주었다. 창구는 토요일이라 영업하지 않아 또 헛걸음을 했다. 결국 패키지 여행 잔금을 지불하기 위해 중국계 은행에서 인출을 했다. 그런데 미국에서는 몇 블록마다 씨티은행이 보였다. 귀국하여 씨티은행 잔고를 다 인출해서 대구은행으로 입금했다.

블로그 이웃들이 내 포스팅을 보고 "통쾌한 복수를 하셨군요. 아마 엄청나게 타격을 입었을 것입니다"라고 말했다. 씨티은행에 조금 타격이 있으려나? 근데 은행에서 아무런 연락은 오지 않았다.

시청 앞 광장에는 많은 관광객들이 한껏 멋을 부리며 저마다 인증사진 찍기에 바쁘다. 이곳은 토론토를 방문하는 사람은 누구나 다 온다고 하는 유명한 광장이다. 가끔 이곳에서 야외 시장과 공연이 열린다고 한다. 오늘이었으면 좋았을 텐데 하는 아쉬움이 있다. 분수대가 있는 넓은 수영장 크기의 공간에 물이 찰랑찰랑거린다. 겨울이면 스케이트장으로 변한다고 하니 생각만 해도 멋지다. 추운 나라인 캐나다의 겨울은 얼마나 추울 것이며 이곳에서 스케이트를 타면 얼마나 신날까?

초등학생 때 겨울이면 동촌 유원지와 수성구에 있는 스포츠센터에서 스케이트를 많이 탔다. 땀 흘리고 잠시 쉬면서 딸기 하드를 먹었던 기분 좋은 추억에 미소 짓는다.

신 시청은 1965년 핀란드 출신 건축가 빌리오 레벨이 공모전에 당선되어 건축한 것으로 세련미가 보인다. 99m의 이스트 타워와 79m의 웨스트 타워가 현대적인 건축미를 추구하며 조화롭다. 한가운데 있는 둥근 원형은 토론토 시민의 눈을 상징한다고 한다. 즉 시민을 존중한다는 뜻이다. 신 시청 로비 한 면을 차지하고 있는 유명한 벽화를 구경했다. 무엇으로 만들었을까 궁금하여 가까이 다가가 보니

"앗! 긴 대못이다."

멀리서 보았을 때는 동판화인 줄 알았다. 못의 높낮이의 균형과 전체적인 조형을 생각하며 하나하나 장인의 정신으로 박았을 것이다. 옆에서 보니 더욱 입체감이 느껴지며 조화롭게 잘 만든 작품이다. 사용된

못은 재활용했다고 한다. 나름 의미 깊고 작품 또한 예술이다. 캐나다 사람들은 사용하는 물건을 되도록이면 바꾸지 않고 고쳐서 사용한다고 한다. 엉뚱하게도 우리나라 여러 곳에 있는 돌탑이 생각났다. 정성이 가득한 점에서 공통점이 느껴졌다.

구 시청은 1899년 로마네스크 양식으로 지었다. 첫눈에 보아도 고풍스럽고 매력적이다. 시계탑은 고고하게 우뚝 서 전체적인 균형의 배치를 이루고 있다. 정오에 어떤 소리가 날까 궁금하다. 신 시청으로 행정 업무를 이관하고 지금은 온타리오 주 법원으로 사용하고 있다. 재판관들이 중세시대 옷을 입고 흰 가발을 쓰고 있지 않을까? 아치형이 신구 시청을 이어주는 느낌이다.

43. 싱그러운 캠퍼스에서 젊음을 느낀다 - 토론토 대학교

2015년 12월 모교에서 효은이 대학 입학시험을 치는 동안 학창시절에 길을 걸었던 추억을 떠올리며 여기저기 둘러보았다. 캠퍼스를 걷다 보니 싱그럽고 어슬프게 푸르렀던 나의 모습이 생각났다. 그동안 잊고 있었던 지난 일들이 빛바랜 추억의 영화 장면처럼 지나간다. 익숙한 캠퍼스를 걸으면서 이곳에서는 어떤 일이 있었으며 누구와 어떤 이야기를 나누었는지 조금씩 기억이 났다.

러브로드에 있는 울창한 아름드리나무를 보니 옛 친구를 보는 것처럼 반가웠다. 새 건물이 여럿 보였지만 대부분 변함없이 그대로인데 나만 세월의 흐름에 따라 변한 것 같다. 그렇게 나도 나이 들어간다. 아니 익어 간다는 표현이 맞을 것 같다. 탱글탱글하지는 않아도 잘 여물고 싶다. 벤치에 앉아 파란 하늘에 흰 뭉게구름이 떠다니는 것을 쳐다보았다. 저 구름처럼 내 인생도 흘러간다.

토론토 대학교의 규모는 한국의 종합대학에 비교하면 작았다. 그러나 전형적인 고딕 양식의 고풍스러운 건물들이 오랜 역사와 훌륭한 전통을 말해주고 있다. 나무들과 흙에서 나는 자연스러운 냄새가 싱그럽고 정겨워서 좋다. 평화로운 공원을 걷는 기분이다. 학생들은 잔디 위에 앉아 있었고, 어떤 학생들은 뛰어다니고 재잘거리는 모습이 보기 좋다. 젊음이 있으므로 캠퍼스는 활기가 가득하다. 운동장에는 소프트 볼 경기를 하고 있는데 투수가 여학생이다. 흐뭇한 미소를 띠며 바라본다. 젊음은 이곳에서도 빛나고 있었다. 역시 청춘은 좋은 것인데 정작 본인은 알지 못한다.

토론토 대학의 시작은 1827년 영국 왕 조지 4세(George IV)의 칙허장 (Royal Charter)에 기초해 어퍼 캐나다의 수도였던 요크타운(현재의 토론토) 에 설립된 킹스 칼리지(King's College)다. 1851년 토론토 대학교로 명칭을 변경하였다. 현재77,288명의 학부와 대학원생들이 재학 중이다. 캠퍼스 규모에 비해 학생 수가 많다고 생각했는데 여러 캠퍼스가 흩어져 있다고 한다. 도서관은 북미 지역에서 하버드, 예일, 일리노이에 이어 4번째로 큰 규모로 1,000만 권이 넘는 장서를 비롯해 540만 개의 마이크로필름이 있다. 특이한 것은 지도가 100만 개 있다고 한다. 이유가 뭘까? 우리나라 지도는 어떤 것이 있을지 궁금하다. 도서관을 구경하고 싶은데 단체여행이므로 시간이 없다고 한다. 패키지여행의 단점이다. 약속된 시간을 맞추기 위해 빠른 걸음으로 구경했다.

2010년 영국의 〈타임스〉가 발표한 세계 대학 순위(World University

Ranking)에서 캐나다 1위, 북미 13위, 전 세계 17위에 올랐다.

노벨 생리학, 의학상 수상자 프레더릭 밴팅을 비롯해 10명의 노벨상 수상자, 6명의 캐나다 총리, 4명의 외국 국가 원수, 14명의 대법관 등 수많은 인재들을 배출하였다. 캐나다에서 제일 명문대학인 것 같다.

패키지 정보

토론토 1박 - 킹스턴 - 오타와 - 몬트리올 1박 - 퀘벡 1박 - 몬트리올 - 토론토 1박 - 나이아가라 폭포

4인실 CS $ 705, 2인실 CS $ 745

여행 전 지급한 경비 4인 CS $ 2,820(2,495.57 + 세금 324.43)

불포함: 가이트 팁 + 호텔 팁 1인 50달러, 식당 팁 1인 17달러(성 요셉 성당 도네이션 CS $ 3, 몽모렌시 폭포 입장료 CS $ 3)

선택 관광: 1인당-천섬 유람선 CS $25, 혼블로 크루즈 CS $30, 전망대 CS $ 25, 제트보트 CS $ 130

총 지불 금액 3,314,580원

4박 5일 여행 일정 중 세계적으로 유명한 힐튼 호텔과 하얏트 호텔에서 숙박한다고 기대를 했다. 그러나 생각보다 작아서 실망했다. 가이드에게 물으니 캐나다 호텔이 그렇다고 했다. 호텔 가격을 검색해 보니 30만 원에서 50만 원대였다.
자유여행으로 했으면 내가 조금 피곤했을지는 몰라도 금전적으로는 절약했을 것 같다.

킹스턴 천 섬(Kingston Thousand Islands)

44. 때로는 혼자 있고 싶을 때가 있다

때로는 어디론가 멀리 떠나고 싶을 때가 있다. 현대인의 삶은 번잡하다. 가끔 느껴지는 삶의 무게에서 벗어나 나와 연관된 모든 것에서 홀홀 털어버리고 오롯이 혼자만의 시간과 공간을 가지고 싶다. 그런 면에서 여행이 좋다. 난 산이 바다보다 조금 더 좋다. 울창한 산림이 빼곡히 있는 산속에 난 숲길을 걷는 것을 좋아한다. 걷다 보면 여러 가지 좋은 아이디어가 떠오른다. 과학적으로도 증명되었다. 경주하는 것처럼 앞만 처다보며 바쁘게 걷지는 않는다. 산 공기와 나무와 땅에서 나오는 특유의 살아있는 냄새를 음미하면서 발자국을 옮긴다. 일정한 시간이 지나면 숨을 고르며 곧게 뻗은 나무들 사이로 파란 하늘을 쳐다보면 기분이 좋아진다. 귓볼을 스치는 바람의 실체를 느낀다. 오르막보다는 내리막이 여유가 있어서 좋다.

45인승 버스 옆으로 중저음의 독특하고 묵직한 소리를 내면서 달리는 할리 데이비슨을 보니 내 가슴은 뛴다. 어떤 이는 '할할할' 거린다고 했다. 내 귀에는 중후한 중년 남자의 묵직한 심장이 요동치는 것처럼 들린다.

캐나다에는 경상도 보다 넓은 호수와 섬이 많다. 물의 도시라 불리는 킹스턴에 있는 천 섬(Kingston Thousand Islands)은 많은 호수에 있는 섬들 가운데 경치가 가장 좋은 곳이라고 한다. 캐나다 인디언들은 이곳을 '조용한 영혼들의 마당'이라고 불렀다. 인디언들은 이름도 의미 있게 잘 만든다. 나의 인디언 이름은 '웅크린 바람의 왕'이다. 현재 나의 처지를 잘 표현한 것 같아서 마음에 든다. 호수 위에 무동력 돛단배를 타고 유유히 섬들 사이를 지나가면 좋겠다.

> I am sailing
>
> I am sailing
>
> home again cross the sea
>
> I am sailing stormy waters
>
> to be near you to be free
>
> I am flying
>
> I am flying like a
>
> bird 'cross the sky
>
> I am flying passing
>
> high clouds
>
> to be near you to be free

Rod Stewart가 1983년에 발표한 'Sailing'을 불러본다. 보라카이에서도

불렀었다.

　1,000여 개가 훨씬 넘는 섬으로 이루어진 천 섬은 물 위에 놓인 '백만 장자의 거리'란 이야기를 들을 만큼 호화로운 별장을 가진 섬이 많다. 특히 할리우드 스타들이 소유하고 있는 섬들이 많은데 섬들마다 아름다운 경치와 어우러진 독특한 별장들을 보면서 부럽다는 생각은 들지 않았다. 아마 산속이었으면 살고 싶다는 생각을 했을 것 같다. 섬들 가운데 동화 속에 본 듯한 멋진 성이 우뚝 서 있다. 뉴욕의 월도프 아스토리아 호텔 주인인 독일 출신 볼트가 부인을 위해 만든 것이라고 한다. 돈이 많으면 사랑하는 사람을 위해서 건물을 짓고 타지마할과 같은 무덤을 만드는 것 같다.

　집 한 채 달랑 있는 작은 섬도 있다. 그곳에 있으면 어떤 생각이 들까? 일단 호수니까 쓰나미나 파도 걱정은 없을 듯하다. 집집마다 게양되어 있는 여러 나라 국기가 보인다. 혹 태극기는 있지 않을까 유심히 찾아보았다. 보이지 않았다.

오타와

45. 125년 된 주 의회의사당에서 신뢰받는 정치

많은 사람들이 토론토가 캐나다의 수도로 알고 있는데 오타와가 수도이다. 1857년 빅토리아 여왕에 의해 캐나다의 수도로 지명되었다. 오타와가 수도로 정해진 이유는 캐나다 내의 영국계와 프랑스계의 화합을 도모할 필요가 있었다. 오타와는 영국계로 대표되는 토론토와 프랑스계로 대표되는 몬트리올의 접경지대에 위치하고 있다. 미국과의 국경에서 적당한 거리에 있어야 전쟁의 위험에서 피할 수 있었다.

세인트로렌스 강의 지선 줄기인 오타와 강을 경계로 동쪽으론 온타리오 주, 서쪽으론 퀘벡 주의 땅을 동시에 접하여 도시 가운데로 오타와 강과 리도 운하가 흘러가는 아름다운 도시이다. 캐나다에 오면 가을이 아니므로 선명하게 붉은 단풍은 못 보더라도 선선한 가을 날씨를 예상했다. 그러나 이게 웬걸? 하늘은 높고 파랗지만, 한낮의 햇살은 한여름처럼 뜨겁게 내리쬐어 더웠다.

주 의회의사당은 복잡한 시내를 가로질러 가다 보면 약간 높은 곳에

고풍스럽게 멋진 자태를 드러내고 있다. 관공서가 아니라 어느 왕가의
궁전처럼 보인다. 1892년 로마네스크 양식으로 완성되었다. 백 년의 시
간이 느껴진다.

정문을 통과하면 바로 팔러먼트 힐 광장이 있다. 바로 앞에는 '센테니
얼 플레임'이 있다. '영원히 타는 불'이라고 한다. 캐나다 연방 설립 100주
년을 기념하기 위해 1967년 1월 1일에 점화되었다. 점화하는 곳 둘레에
는 각 주를 상징하는 방패가 있다. 가스렌지에서 나는 가스 냄새가 많
이 났다. 점화되는 곳 밑에 천연가스가 있다고 한다. 365일 타오른다고
하는데 비가 와서 잠깐 꺼지기라도 하면 직원이 와서 살짝 불을 재점화
한다고 한다.

'좌청룡 우백호'처럼 이스트, 웨스트 건물의 운치 있는 붉은 벽돌들에
서 역사의 숨결과 세월의 연륜을 느낄 수 있었다. 고풍스러운 분위기와
아름다운 경관으로 인해 눈이 즐겁다. 가까이에 강이 흐르고 있어 천혜
의 요소처럼 생각된다.

이상하게도 캐나다에 있는 주 의회의사당들은 화재가 많았다. 중앙에
있는 본관 건물도 화재로 재건축하고 밝은 색으로 칠해서 좌우 측의 색
깔이 다르다. 유네스코가 지정한 세계문화유산이라고 하니 새롭게 보인
다. 유네스코는 어떤 기준으로 세계문화유산을 지정하는지 궁금하다.
최근에 이스라엘과 미국의 탈퇴로 유네스코를 다시 생각하게 되었다.
청동색의 지붕은 런던과 프라하에 있는 국회의사당의 분위기가 느껴진
다. 이곳에서는 국민을 대표하여 정직하고 신뢰받는 정치를 할 것 같다.
올해는 150주년 기념되는 해이다. 큰 조형물을 만들고 있었다. 큰 행사
를 준비하고 있는 듯하다.

46. 소신과 환경적응 - 총독 관저 리도 홀(Rideau Hall)

캐나다에는 총독과 총리가 있는데 총독은 엘리자베스 2세의 대리인이다. 리도 홀은 캐나다 온타리오 주 오타와 시에 있는 총독 관저로 1 Sussex Drive에 있다. 넓이는 0.36 km2다. 본관은 9,500m2의 면적에 약 175개의 방이 있다. 관저인데 중세시대 왕궁처럼 방이 많다. 영국의 버킹엄 궁전, 미국의 백악관, 그리고 네덜란드의 왕궁처럼 대부분 관저는 수도의 중심지에 위치해 있다. 그러나 리도 홀은 오타와 시 외곽에 있는 것이 특징이 있다.

1838년 Rideau Canal 건설에 참여했던 토머스 매케이(Thomas Mackay)가 개인 주택으로 지었는데 이후 총독 관저로 사용하고 있다. 현재는 국빈 방문 시 주요 행사가 이루어지는 곳이다. 총독이 있을 때는 본관에 파란색 총독 기가 있고 없을 때는 캐나다 국기가 있다. 오늘은 캐나다 국기가 펄럭이고 있었다. 총독께서 내가 방문한다는 보고를 못 받았나 보다.

정문을 들어서니 푸른 잔디가 넓게 펼쳐졌고 크고 작은 나무들로 푸름이 가득하여 눈과 마음을 기분 좋게 한다. 공원으로 시민들의 휴식공간으로 이용되는 것 같다. 아이들이 천진난만한 표정과 웃음으로 재잘거린다. 유치원에서 소풍 온 것 같다. 역시 어느 나라든지 아이들은 귀엽다. 외국 정상들이 방문을 기념하여 곳곳에 나무를 심었다. 특별한 행사와 방문을 기념할 때 기념식수를 많이 한다. 기념식수를 하는 이유가 무엇일까? 나무는 살아있는 생명체이기 때문에 일회성 행사로 끝나는 것이 아니라 그 토양에 잘 맞게 잘 자라는 것이 중요하다.

김대중 전 대통령은 1999년 이곳에 방문하여 구상나무를 심었다. 개

인적으로 소나무를 심기 원했다고 한다. 20년 가까이 되었는데 나무 크기가 많이 작고 빈약하다. 이곳 환경에 적응하는 것에 어려움이 있는 듯 잘 자라지 못하는 것이 안타까웠다. 김영삼 전 대통령은 캐나다에서 잘 자라는 단풍나무를 심었다. 주변의 나무와 어울려 잘 자라고 있었다. 노태우 전 대통령은 레드 오크를 심었다. 어떤 나무를 심어 잘했다는 평가는 개인에 따라 다를 것 같다. 개인의 성격과 뜻이 잘 반영되어 나름대로 의미 있다는 생각이 들었다.

엘리자베스 여왕과 넬슨 만델라 대통령이 심은 나무를 보니 왠지 반가웠다. 걸으면서 아는 사람의 이름이 나오면 반가워 어떤 나무를 심었는지 한 번 더 보는 것도 재밌었다.

이날도 매우 더웠다. 뜨겁게 내리쬐는 햇살을 피해 나무그늘 아래를 찾아 걸었다. 빨강 옷에 검고 높은 털모자를 쓴 근위병들의 교대식을 보았다. 이 더위에 커다란 검은 털모자라니… 머리에 땀띠가 나지 않으려나? 보통 계절에 맞게 옷을 입는 것이 상식이다. 근위병은 그렇게 할 수 없는 것일까? 오늘 같은 날은 융통성 있게 통풍이 잘되는 모자와 옷을 입을 수는 없는 것일까? 빨강 제복이 보기에는 멋있어 보인다. 근위병은 부동자세로 서 있는데 얼마나 더울까? 런던의 버킹엄 궁전 앞에 있는 근위병과 차림새가 같았다. 영국의 한계를 못 벗어나는가 보다. 아니 어쩌면 당연하다는 생각이 들었다.

47. 역사와 문화와 예술이 있는 곳 - 자크 카르티에 광장

몬트리올 하면 1976년 몬트리올 올림픽에서 양정모 레슬링 선수가 우리나라 최초로 금메달을 딴 도시로 기억하고 있다. 그 당시 전 국민이 환호하고 기뻐했다. 귀국할 때 카퍼레이드를 TV에서 보았는데 높은 빌딩에서 뿌린 색종이가 꽃비처럼 느껴졌던 기억이 난다.

몬트리올은 캐나다의 제2의 도시이며 높은 빌딩이 많은 신도시가 있고 중세 분위기를 느낄 수 있는 구도시가 있다. 바닥에 돌이 깔린 구 시가지를 걸으면서 주위의 건물을 자꾸 쳐다보게 된다. 시청을 비롯한 대부분의 건물들의 연륜 속에서 느껴지는 정겨움이 있다. 석조 건물들은 시간의 흐름과 함께하여 색감이 깊어지고 멋있어진다. 목조건물과는 또다른 매력의 느낌이다. 나도 그런 중후한 남자가 되고 싶다.

1535년 프랑스의 탐험가 '자크 카르티에(Jacqus Cartier)'에 의해 처음 발견(?)되었으며 1642년 메종 뇌브가 40명의 일행을 이끌고 지금의 Old

Montreal에 정착한 것이 공식적인 프랑스 식민지 시대의 서막이 되었다. 1701년 평화조약이 체결되기 전까지 원주민인 인디언과 이주민 사이의 분쟁이 끊임없이 일어났으나 조약체결 후 모피 교역이 활발하게 이루어졌다. 모피 교역으로 눈부신 경제 번영을 이룬 프랑스는 영국과 충돌하였고 결국 1763년 영국과 전쟁을 했다.

몬트리올의 활기를 느낄 수 있는 자크 카르티에 광장(Place Jacques Cartier)은 구시가지의 중심에 자리 잡고 있다. 광장의 입구에는 이곳의 통치자였던 Horatio Nelson의 동상이 서 있다. 우리나라로 말하면 일제 강점기 때 일본 총독의 동상이 도심에 있다는 이야기가 된다. 시민들이 당연히 반대하고 좋아하지 않았다. 훼손을 방지하기 위해 높은 곳에 있다. 우리나라와는 정서가 다른 것 같다.

건물 사이로 바다가 반갑게 얼굴을 내민다. 거리는 악기를 연주하는 사람과 초상화와 캐리커처를 그리는 화가들이 활기찬 분위기를 만들어 보기 좋다. 도로를 따라 분위기 있는 카페들로 인해 북미의 파리라고 불러도 손색이 없을 듯하다. 이런 이국적인 분위기를 좋아한다. 따사롭게 내리쬐는 햇살 아래 노천 카페에 앉아 여유롭게 차 한잔을 앞에 두고 음악을 들으며 사람 구경을 하고 싶다.

블라디보스토크와 모스크바에 있는 아르바트 거리와 분위기가 비슷하다. 그런데 들리는 말이 다르다. 주민들 대부분은 프랑스어를 모국어로 사용하고 있어서 '캐나다 속의 프랑스'로 불린다. 거리를 걷다 보면 프랑스어가 많이 들려 파리 시내에 있는 듯하다. 더군다나 센 강가에 있는 노트르담 성당이 이곳에도 있었다. 외형도 체인점마냥 똑같이 생겨서 파리를 여행한 추억이 생각나면서 반가웠다.

그런데 성당에 들어가는데 입장료를 받는다. 지금까지 여행하면서 성당 입구에서 입장료를 받는 곳은 처음이다. 강요하는 돈을 내고 굳이 들어가고 싶지는 않았다. 기도하기 위해, 마음의 평화를 얻기 위해서 성당에 들어가는데 돈을 내고 들어가야 한다니…. 예수님이라면 어떻게 하셨을까? 영리를 목적으로 하는 것 같아서 씁쓰레한 마음이 들었다.

차라리 도네이션으로 받았다면 성의껏 내고 입장했을 것이다.

"Come to me, all you who are weary and burdened, and I will give you rest."

"수고하고 무거운 짐 진 자들아 다 내게로 오라. 내가 너희를 쉬게 하리라." (마태복음 11장 28절~30절)

원어로는 '지친 자'들이다. 즉 살아가면서 하는 일과 책임으로 지친 사람들에게 위로가 되는 말씀이다.

캐나다에서 유명한 메이플 시럽과 기념품을 사기 위해 가게에 들어가니 주인은 남미 부부였다. 남미에서 온 단체 관광팀으로 복잡하고 정신이 없었다. 옆 가게를 운영하는데 잠시 도와주러 온 한국인 아주머니를 만났다. 단체 손님으로 계산하는 줄이 길어 그분이 운영하는 옆 가게로 가서 캔디를 샀다. 10년 전 이곳에 공부하러 왔다고 하시며 반가워하셨다. 여행 잘하라고 하시며 사진엽서를 선물로 주셨다.

48. 사는 것이 기적이다 - 성 요셉 성당

영화에서 '미러클'이라 외치며 십자가를 감격스럽게 바라보면서 눈물 흘리며 감동하는 장면들을 보았다. 기적을 체험한 당사자는 물론이고 불가사의하고 놀라운 광경을 직접 보는 그들이 많이 부러웠다. 기적을 체험하면 남은 인생이 달라질 것 같다. 나는 그런 경험이 없어서 체험해 보고 싶다. 기적은 그동안 자신에게 드리워진 불합리한 운명에 대한 반전이다. 기적이 일어나기를 오랜 세월 동안 간절히 기도한 적이 많다. 그러나 기적은 일어나지 않았다.

"우리가 알거니와 하나님을 사랑하는 자 곧 그의 뜻대로 부르심을 입은 자들에게는 모든 것이 합력하여 선을 이루느니라." (로마서 8:28)

어쩌면 하나님의 뜻이기도 하고 자기 합리화일 수도 있다. 그럼에도 불구하고 매일 감사의 기도를 드린다. 몇 번의 위태로웠던 순간을 지나면서 지금까지 살아왔고 오늘 아침도 건강하게 잘 자고 일어나 가족여행을 하고 있음에 감사한다. 일상의 평범함 그것이 바로 생활의 기적이다.

성 요셉 성당은 Mount Royal의 언덕 위에 있다. 시내 어디에서나 보이며 전망이 좋았다. 둥근 돔의 높이가 생각보다 높은 97m라고 한다. 로마에 있는 성 베드로 성당 다음으로 세계에서 두 번째로 높다. 캐나다의 수호성인인 요셉을 모신 곳으로 연간 200만 명이 방문하는 순례지로 유명하다. 중국에 있는 사당처럼 성당에서 죽은 사람을 모신다는 것이 조금은 의아하다. 그것이 교회와의 차이점이다.

프랑스계 가톨릭은 기적을 신봉하는 경향이 강하다. 성 요셉 성당 또한 기적의 신비를 간직하고 있는 곳이다. 성당을 세운 앙드레 수도사는 불치병을 고치는 불가사의한 힘을 지녔던 수도사로 '몽루아얄의 기적을 일으키는 사람'이라고 불렸다.

성당 입구에 수백 개의 목발들이 전시되어 있다. 목발을 의지하는 사람들을 전문적으로 고친 것인지 다른 병도 고친 것인지는 모르겠다. 하여튼 이렇게 많은 지팡이들을 보니 놀랍기만 하다. 이런 불가사의한 기적들은 현대 의학으로는 도저히 설명되지 않는 사실이다. 고침을 받은 사람들이 얼마나 좋아서 펄쩍펄쩍 뛰었을지 안 봐도 짐작이 된다. 혹 의심하는 사람들을 위해서 기적을 증명하는 증거물로 목발이 전시된 듯하다.

성당의 규모는 자연스럽게 커질 수밖에 없다. 한국에서도 신유의 은사를 강조하는 기도원은 항상 사람들로 붐빈다. 그곳에서 머무는 동안 잠은 교회에서 자고 식사는 무료로 제공되었다. 사람들은 이곳이 천국인 것 같다고 말했었다.

처음에는 1,000여 명을 수용한 규모의 성당이었지만 많은 기적이 일어나 사람들이 모이게 되어 1924년 더 큰 성당을 건축하면서 1967년 현재의 모습으로 완공되었다.

박물관에는 앙드레 수도사의 심장이 전시되어 있다. 왜 심장을 전시했을까? 작은 교회에는 앙드레 수도사가 생활한 소박하고 정갈한 방을 볼 수 있었다. 세상에 태어나서 결혼을 하지 않고 기도하며 남을 위해서 봉사하며 사는 것 자체만으로도 존경을 받을 만하다.

그는 자신의 삶에 만족하고 행복했을까?

49. 재즈를 좋아한다 - RESTO HOUSE OF JAZZ

재즈와 블루스를 처음 들었을 때 왠지 모르게 나의 정서와 맞는 것 같았다. 가슴 깊은 곳에서 울려 나오는 저음이 내 마음에 촉촉이 스며든다. 가사를 알면 더 좋겠지만 몰라도 괜찮다. 팝송은 가사를 알게 되는 순간 감동이 반감되는 경험이 있기 때문이다. 그냥 그 리듬을 좋아하게 되었다.

재즈의 처음 시작은 흑인들의 노예 생활의 애환을 담았다는 데 하루 생활의 고단함이 전해진다. 가수의 표정과 선율만 들어도 어떤 내용인지 짐작이 간다. 그것은 어쩌면 사람이면 누구나 느끼게 되는 공통된 마음이 아닐까 생각한다. 단조로 이루어진 것도 크게 작용한다. 사람은 누구나 고독을 느끼고 외롭다. 어쩌면 그것을 견디지 못해서 사람을 만나고 어울리는 지도 모른다. 나는 혼자 있는 것을 좋아한다.

재즈는 연주자들이 서로 대화하는 것 같다. 다른 사람의 연주를 들으면서 적당한 타이밍에 자기 악기를 연주한다. 때로는 자기가 연주할 찬스를 기다렸다는 듯이 거칠게 들어와서 한바탕 연주하면 다른 연주가가 화답한다. 어우러짐의 앙상블이 좋다. 대부분 악보를 보고 하는 것이 아니고 연주자가 그날의 분위기와 느껴지는 즉흥적인 감성을 표현하기 때문에 더 놀랍다. 곡에 대한 자기만의 해석과 흐름과 분위기에 젖어 있고 악기에 대한 완벽한 연주를 잘할 때만 가능하다. 그것은 작곡된 곡이 중요한 기본이 되는 고전 음악과의 차이점이기도 하다.

오래전부터 작곡하는 사람과 연주하는 사람을 무척 신기하게 생각하고 부러웠다. 몇 년 전부터 하모니카, 대금, 기타를 다시 배우고 있다. 이론 공부를 하면서 작곡을 하는데 적용되는 일정한 패턴을 배워서 조금은

알게 되었다. 작사, 작곡을 해보고 싶다. 본인이 원하는 대로 곡을 작곡하고 자유자재로 연주하고 노래하는 사람은 언제 보아도 멋지고 부럽다.

재즈 하면, 볼이 빵빵하게 트럼펫을 부는 '루이 암스트롱'과 어릴 때 크리스마스 시즌에 즐겨 들었던 캐럴을 부른 만능 엔터테이너 '빙 크로스비'를 떠올린다.

블루스는 가을과 비가 부슬부슬 내리는 오후에 들으면 더욱 감성이 풍부해진다. 끈적이는 리듬을 듣노라면 우울한 생각이 들어 재즈와는 또 다르다. 음악의 장르는 시대를 잘 반영한다. 이후에 리듬 앤 블루스가 나오고 엘비스 프레슬리의 로큰롤로 진화한다.

몬트리올은 재즈로 유명한 곳이다. 이곳에 왔으니 재즈카페에 가보지 않을 수 없다. 가이드가 추천해준 유명하다는 재즈바에 갔다. 역시 생각했던 실내와 영화에서 많이 본 분위기가 느껴진다. 선입견인지 몰라도 재즈는 흑인 연주가가 해야 잘 어울린다.

몬트리올은 1980년부터 시작한 재즈 페스티벌로 유명하다. 6월 말부터 7월 첫째 주까지 2주 동안 20여 개국에서 2,000명이 넘는 음악가들이 참가한다. 매년 200만 명이 넘는 방문객이 찾는다고 한다. 축제 기간 동안 사람이 모이는 곳은 어디든지 밤낮으로 재즈가 넘쳐 났을 것이다.

50. 밤은 또 다른 모습을 보여준다

새로운 도시에 도착하면 보이는 대부분이 처음 보는 것이므로 모든 것이 볼거리다. 구경할 것은 많은데 한국에 있을 때보다 시간은 더욱 빠르게 흐르는 것 같아 아쉬울 때가 있다. 시간은 인간에게 주어진 최적의 공평한 선물임에도 환경에 따라서 시간의 빠르기는 다르게 느껴진다. 나이에 비례하는 것도 같다. 낯선 여행지에서는 낮과 밤은 온도 차이뿐만 아니라 여행자의 감성에도 많은 차이가 있다.

보편적으로 여행하기에는 환한 때가 좋다. 그런 점에서 서머타임이 적용되는 캐나다 여름은 태양이 더 오랫동안 하늘에 있어서 좋다. 여행자에게는 그만큼 여유롭게 다닐 수 있기 때문이다. 겨울에는 태양이 늦게 뜨고 일찍 지기 때문에 여행할 시간이 항상 부족하여 바쁘게 돌아다녀야 한다.

그렇다고 밤이 되었다고 안타까워할 필요는 없다. 밤은 또 다른 모습을 보여주기도 하지만 낮에는 볼 수 없었던 아름다운 야경을 보여준다. 하늘은 어두운 밤이 되면 보석처럼 빛나는 별들이 나타나서 미소 짓는다. 여행지는 낮과는 다른 얼굴을 하고 다가온다. 조명에 따라 변화된 모습에 감탄한다.

우리 가족이 묵고 있는 하얏트 호텔은 몬트리올 도심 가운데 있다. 해외에서의 가족 여행은 안전을 최우선으로 생각하게 된다. 그런 점에서 부담 없이 걸어 다니기 좋다. 잠시 휴식을 취한 후 밤마실 다니듯이 어디를 가겠다는 목적지 없이 거리를 걸으며 여기저기 기웃거려 본다. 분위기 있는 카페에서 사랑의 눈빛을 교환하며 밀어를 속삭이는 연인들의 모습이 사랑스럽다. 유명한 관광지는 현지인과 여행자들의 표정들이 밝은 것이 특징이다. 이렇듯 여행은 본인은 느끼지 못할 수도 있지만, 여유

있고 즐거워하는 것이 얼굴에 나타난다. 어느 도시는 밤이 되어야만 비로소 활기를 찾는 곳이 있다. 특별하게 볼 곳을 정하지 않았기에 사람들이 많이 모인 곳이면 그곳으로 발걸음을 옮겨 목을 길게 빼고 구경한다. 뜻밖에 거리 공연을 하고 있으면 반갑고 함께 즐기면 된다. 여행지에서의 밤은 특별한 매력으로 다가온다.

미모의 샹송 가수 프랑수아즈 아르디(Franciose Hardy)(1944~)의 특유의 매혹적인 목소리로 '어떻게 이별을 말하겠어(Comment te dire adieu)'를 떠올리며 듣고 싶다. TV 프로그램이나 광고 음악으로 자주 삽입되어서 친숙한 노래다.

걸으면서 별과 밤공기의 향기를 흠뻑 들이켜본다. 가끔 이렇게 느리게 사는 시간을 가져보는 것도 바쁘게 살아가면서 필요한 것 같다. 이국적인 아름다운 밤이 깊어가고 있다.

51. 퀘벡은 아기자기하게 예쁘다

"신이 정말 견딜 수 있는 만큼의 시련만 주는 거라면 날 너무 과대평
가한 건 아닌가 싶다."

생각지 못한 대사로 가슴에 총 맞은 것처럼 잠시 멈춘다. 그동안 나에
게 닥친 시련은 내가 감당할 수 있어서 주신 것이라고 믿고 있었다. 그런
데 날 너무 과대평가한 건 아닌가? 전지전능하신 하나님에 대한 깜찍한
반항이다.

퀘벡은 오래전부터 사진과 TV에서 보았다. 그러나 이곳에 오리라고는
생각하지 못했다. 드라마 '도깨비'로 인해 친근감이 드는 도시인데 이곳
을 걷고 있다니 꿈만 같아서 기분이 좋아지고 있다. 더군다나 가족과 함
께 있다. 이번 패키지 여행 도시 가운데서 기대가 제일 큰 도시였다.
오후 햇살은 뜨거웠지만, 청명하고 맑은 하늘 아래 걸으면서 구경하는

것이 좋다. 중세에 지은 건물들이 많아서 고풍스러운 분위기가 물씬 풍긴다. 아득한 중세로부터 초대된 느낌이 들었다. 이곳의 역사가 궁금해진다. 1823년부터 지어진 성채가 도시를 감싸고 있다. 올드 퀘벡은 18세기 건축양식의 건물들이 많이 보여 캐나다 역사의 도시로 불릴만 하다. 세계유산목록에 등록되어 있다. 1852년에 설립된 캐나다 최고(最古)의 라발대학교는 북아메리카에서 프랑스 문화 발달에 크게 기여해 왔다. 이런저런 이유로 퀘벡은 캐나다 속에 존재하는 유럽이라고 한다.

유럽에 있는 작고 예쁜 도시를 걷는 것 같다. 다양한 장식으로 꾸며진 빈티지한 가게들과 개성 있는 간판들이 예쁘다. 어디를 가나 꽃들이 가득하다. 창문 앞에 놓인 크고 작은 화단에 장식된 꽃들로 인해 공기가 달콤하다. 수수한 원색의 건물들이 세월과 함께 깊어지면서 조화를 이루고 있다.

도로 건너편으로 세인트로렌스 강이 보인다. 내가 좋아하는 언덕과 바다가 있는 도시다. 작은 프랑스라고 하더니 많은 사람들이 프랑스 말로 대화를 한다. 처음에는 이상했지만, 프랑스식의 건물이 많이 보이는 퀘벡의 분위기와 묘하게 잘 어울렸다.

어퍼 타운 가운데 파리에서 보았던 노트르담 성당이 떡 하니 있었다. 그런데 가이드는 바깥에서 간단하게 설명하고 안으로 들어가지 않고 다른 곳으로 간다. 북미 최초의 성당이라고 가이드 북에 적혀 있었기에 나는 그냥 지나칠 수가 없었다. 외관은 지금까지 보아온 성당의 모습과 비슷한 회색의 웅장한 석조건물이다. 성당 문을 들어선 순간 넓은 실내에 화려한 금빛 장식으로 눈이 부시다. 딱딱한 외관과 대비되는 부드러운 햇살로 인해 스테인드글라스가 환하게 비추어 성당 내부를 신비롭게 한

다. 특별한 느낌으로 다가온다. 2층 뒤편에 있는 파이프 오르간에서 장엄한 연주가 들리는 듯하다. 이런 분위기는 엄숙하며 조심스럽다.

그동안 웅장하고 화려한 교회를 많이 보아서 그런가 보다 하지만 중세 시대에 살았던 사람들은 위압감을 느꼈을 것 같다. 사랑의 하나님보다 두려운 신으로 생각했을 것 같다. 천천히 둘러보고 기도 하고 싶었으나 일행을 놓칠까 봐 바쁘게 둘러보고 나오니 역시나 일행이 보이지 않는다. 어디로 갔을까? 주위를 살펴보고 미루어 짐작한 곳으로 걸어가니 저쪽에서 효준이가 기다리고 있었다. 노트르담 성당은 오타와에도 있었는데 차 타고 지나가면서 보았다. 왜 이렇게 많은 것일까?

르와얄 광장에는 루이 14세의 동상이 폼 잡고 있다. 캐나다에 프랑스 왕의 동상이 있는 것이 이상했다. 캐나다 사람의 생각이 궁금하다.

5층 건물 전면에 프레스코화가 있다. 이곳의 명소인지 많은 사람들이 사진을 찍느라 복잡하다. 그림 속의 사람들과 건물들이 실제 크기와 비슷하여 잠시 착각을 하게 한다. 벽에서 곧바로 튀어나올 것만 같이 사실적이다. 이 그림에는 퀘벡 역사에 중요한 사람들과 과거와 현재의 생활 모습이 자연스럽게 그려져 있었다. 한편의 역사화인 셈이다.

1990년에 완성된 이 벽화는 화가 12명이 3개월 동안 그렸다고 한다. 겨울이 너무 추워서 북쪽으로는 창을 내지 않았고, 그렇게 텅 빈 벽이 허전하여 그림을 그리기 시작한 것이 이 아름다운 벽화들의 기원이다. 처한 환경에서 어떻게 생각하고 받아들이는가에 따라 삶의 질이 달라지는 것 같다. 이러한 이유로 훌륭한 작품들이 나오기 위해서는 예술가는 춥고 배고파야 하는 것 같다. 프레스코화는 인류 회화사에서 가장 오래된 그림의 기술이다. 회반죽 벽이 마르기 전, 축축하고 '신선'(이탈리아어로

프레스코)할 때 물로 녹인 안료로 그리는 부온 프레스코(buon fresco) 기법으로 채색하여 완성하는 회화이다. 14~15세기 이탈리아에서 전성기를 보였다. 17세기 이후 유화에 밀려났지만 20세기에 들어서면서 다시 관심을 갖기 시작하였다.

거리를 걸으면서 영화와 드라마의 멋진 촬영 장소를 찾아내는 사람의 센스와 미적 감각에 감탄한다. 멋진 장소에 더하여 촬영 기술과 배우들의 연기가 더해지니 영화와 드라마를 보는 사람들은 당연히 호감을 가지게 된다. 덕분에 시간을 내어 그 장소에 와서 그 배경지의 장면을 떠올리며 찾아가게 한다.

'도깨비'를 다 보지는 못했지만 올드 퀘벡을 배경으로 나온 장면들을 다시 보았다. 촬영했던 장소 5곳을 찾아가는 재미가 쏠쏠했다. 드라마에 나오는 장소의 분위기 있는 색감과 현실은 조금 차이는 있었지만, 그 장면들을 떠올리며 미소 지을 수 있었다. 배우들의 대사 중에서 내 마음에 들었던 몇 대사를 기억한다.

"너와 함께 한 시간 모두 눈부셨다. 날이 좋아서 날이 좋지 않아서 날이 적당해서 모든 날이 좋았다."

"인간의 간절함은 못 여는 문이 없구나. 운명도 바꾸는 게 의지라는 것"

드라마의 영향으로 퀘벡은 한·중·일 여성들에게 인기가 하늘을 찌른다. 이번 추석 연휴의 항공료와 패키지 가격이 벌써부터 많이 올랐다고 가이드가 말했다. 드라마가 아니었어도 이곳에 오게 되면 누구나 퀘벡에게서 느껴지는 독특한 매력에 흠뻑 빠져들 것 같다.

그렇게 넓지 않은 구도시다. 이 골목 저 골목을 구경하며 다녔다. 걷다 보니 스마트폰에 하루 걸은 거리가 14km 기록되었다. 이번에 여행한 도시 중에서 올드 퀘벡이 좋았던 도시 세 번째 손가락 안에 든다.

52. 매력적인 올드 퀘벡에 빠지다 - 샤토 프랑트낙 호텔

매력적이고 멋진 도시를 경험하는 것은 즐거운 일이다. 올드 퀘벡은 넓은 도시가 아니어서 걸어 다니기 적당했다. 어둠이 깔리기 시작했다. 카페에서 새어 나오는 조명들이 가로수에 화장을 입힌다. 구시가지 골목길을 발길 닿는 대로 걸어본다. 기분 좋은 선물을 받는 것 같다. 아름다운 일몰을 보기 위해 아담한 언덕에 올랐다. 세인트로렌스 강이 은빛 보석으로 반짝이며 도도하게 흐르고 있다. 주변의 숲과 집들이 어우러져 평화롭다. 공해와 소음이 없어서 한 폭의 맑은 풍경화를 보는 듯하다. 공기가 신선하고 좋아서 이곳에 사는 사람들은 황사와 미세먼지가 뭔지 모를 것 같다.

잔디에 나란히 앉아 서쪽 하늘에서 서서히 저무는 태양을 바라본다. 여행하면서 가족이 여유롭게 지는 해를 바라보는 것은 처음인 것 같다. 여행자와 현지인의 가족과 연인들의 단란한 몸짓을 보니 행복이 느껴진다. 태양은 잠시 자기의 존재가 사라지는 것이 아쉬운 듯 서쪽 하늘을 연분홍의 파스텔 톤으로 물들이는 것 같다. 분주하게 움직였던 하루를 돌아보며 피로가 적당히 느껴지는 지금 이 순간이 좋다. 시간이 천천

히 흘렀으면 좋겠다. 이곳에 사는 사람은 평화로운 곳에서 생활하는 행운을 알고 있을까? 환경에 감사하는 마음을 가지고 있을까? 한 달 머무르면 지금 느끼는 감흥을 가지고 있을까? 지금이 아니면 효준이와 효은이와 함께 여행할 수 있는 시간이 없을 것 같아서 결심했었다. 태평양을 건너 가족과 함께 미국과 캐나다를 여행하고 있다. 역시 떠나오기를 잘했다는 생각을 한다. 아이들이 살아가면서 힘든 순간에 가족 여행에서 즐거웠던 추억을 생각하며 가족의 든든한 사랑을 느꼈으면 좋겠다. 아름다운 퀘벡에서 가족과 함께 시간을 보내고 있음을 감사하며 만족한다. 퀘벡의 저녁 식사는 맛집으로 추천해준 레스토랑에서 했다. 캐나다에서 김이 모락모락 피어나는 진한 퐁듀와 스테이크를 먹으니 맛있고 새롭다. 다만 양이 작은 것이 아쉬웠다.

ⓘ Tip

미친 돼지 레스토랑

스테이크, 해산물 퐁듀 79.22달러+팁 12달러
비버 도그 13,51달러
퀘벡 맥주 4,99 × 2병 = 9.98달러

---

53. 몽모렌시 폭포는 나이아가라 폭포보다 30m 더 높다

여행이 주는 즐거움과 보람은 새로운 곳을 보고 느끼는 것이다. 더불어 알지 못했던 사실과 숨은 이야기를 알게 되면 즐거움은 배가 된다. 사람이 살아가는 모습이 비슷한 것 같으면서 환경에 따라 많이 다르다. 여행은 다양한 만남을 가지게 되며 여러 삶을 간접 경험하므로 신난다.

관광버스 앞으로 오토바이가 달리고 자전거를 매단 승용차가 하나가 되어 질주하고 있다. 저들의 여행에는 어떤 일들이 일어날지 궁금하다. 몇 년 후 캠핑카를 타고 1년 동안 아메리카 대륙을 종단, 횡단하며 즐거워하는 나를 그려본다.

몽모렌시 폭포는 퀘벡에서 10km 떨어진 Cote-de-Beaupr에 있다. 'Montmorency'는 프랑스 탐험가 사무엘 드 샹플랭(Samuel de Champlain)이 붙인 이름이다. 자신의 후원자이며 1620년부터 1625년까지 총독이었던 몽모렌시 공의 이름을 따 온 것이라 한다. 오래전 탐험가는 보이는 것마다 자기 마음대로 이름을 지어서 재미가 있었을 것 같다.

한편으로 생각하면 이것은 옳지 않다. 왜냐하면 그곳에는 오래전부터 살고 있었던 원주민들이 불렀던 이름이 있을 것이기 때문이다. 다른 곳에서 온 사람이 자기 마음대로 이름을 지어 오늘날까지 존재한다는 것이 정복자의 잘못된 행동의 하나이다.

뜨거운 햇살을 친구삼아 땀을 흘리며 계단을 오른다. 전망대에서 시원하게 떨어지는 폭포 샤워와 바람을 맞으니 상쾌하다. 높은 곳에서 떨어지는 검은 물은 하얀 물보라를 일으키며 무지개와 더불어 한 폭의 멋진 수채화를 보여준다. 폭포와 무지개는 연인관계인 듯하다. 폭포와 무지개는 반갑게 만나서 이야기를 나누는 것처럼 생각된다. 폭포는 우렁찬 소리로, 무지개는 여러 색으로 빛나는 것 같다.

세계 3대 폭포 중 하나로 우리에게 잘 알려진 나이아가라 폭포보다 30m 더 높은 83m라고 하는데 웅장하고 거대한 느낌은 들지 않았다. 그 이유는 중간 지점에서부터 보아서 그런 것 같다. 폭포를 발아래 두고 다리를 걷는 것은 색다른 경험이다. 아래를 보니 쏟아질 듯 빠른 물길에 빠져들 것만 같다. 아찔한 눈을 거두고 다른 곳을 본다. 시야가 탁 트여 풍광이 거침없이 한눈에 들어와서 눈을 시원하게 한다. 폭포 옆에 있는 검은색 거대한 바위는 채석장 분위기를 띠고 있어 독특하고 신비한 느낌이 들었다. 세인트로렌스 강이 바다를 향하여 흐르고 있다. 문득 민물에 사는 물고기는 바다와의 경계에서 어떤 행동을 할까 궁금해진다. 본능으로 연어처럼 다시 역류하여 강으로 거슬러 올라갈까?

이곳의 물의 특징은 검은색이다. 검은색으로 보이던 물이 흰색으로 떨어지는 것을 보면서 문득 인종에 따라 피부색은 달라도 몸속에 흐르는 피는 같은 붉은 선홍색임을 떠올린다. 색에 대한 고정관념이 있다. 일단 검은 물은 느낌상 좋지는 않다. 그러나 이 또한 선입견이 작용한다. 익숙하지 않은 것은 무엇이든지 일단 색안경을 끼고 보게 된다. 아이들이 좋아하고 내가 즐겨 먹는 짜장면은 검은색이 있다. 음식에 검은색이 익숙하지 않은 외국인은 처음 보면 놀란다고 한다. 그러나 먹어보면 그 달콤한 맛에 빠진다. 초등학교 4학년 때 우리 집에 놀러 온 친구들에게 어머니께서 카레밥을 해주셨다. 처음 본 노란색의 카레에 놀라던 친구들의 모습이 떠오른다.

폭포 구경을 마치고 화장실에 가기 위해 귀족의 별장이었던 '마누아 몽모렌시'로 갔다. 폭포와 관련된 자료와 사진들이 전시되어 있었다. 폭포 바로 옆에 있는 이곳에서 자면 조용한 밤과 새벽에 폭포 소리가 엄청나게 크게 들릴 텐데 제대로 깊은 잠을 잘 수 있을지 궁금하다.

대학생 때 지리산 종주를 하면서 텐트를 치고 잤다. 잠결에 폭우가 쏟아지는 것처럼 물소리가 엄청나게 크게 들려 텐트를 옮기려고 바깥으로 나오니 하늘에는 휘영청 보름달이 떠 있었다. 알고 보니 계곡에서 흐르는 물소리였다. 설악산에서는 텐트 가까이에서 뭔가 다가오는 커다란 발자국 소리가 들렸었다. 곰이 다가오는 줄 알고 놀랐는데 낙엽이 떨어지는 소리였다. 적막한 밤은 낮에는 들리지 않았던 미세한 소리도 크게 들려 상상력을 풍부하게 한다.

54. 청포도가 익어가는 캐나다 & 제일 작은 교회

청포도

이육사

내 고장 칠월은
청포도가 익어 가는 시절

이 마을 전설이 주저리주저리 열리고
먼 데 하늘이 꿈꾸며 알알이 들어와 박혀

하늘 밑 푸른 바다가 가슴을 열고
흰 돛단배가 곱게 밀려서 오면

내가 바라는 손님은 고달픈 몸으로

청포를 입고 찾아 온다고 했으니

내 그를 맞아 이 포도를 따 먹으면

두 손은 함뿍 적셔도 좋으련

아이야 우리 식탁엔 은쟁반에

하이얀 모시 수건을 마련해 두렴

마당 넓은 집에서 자랐다. 여러 종류의 꽃들과 나무들이 있었다. 가을
이면 활짝 핀 노란 국화가 생각난다. 커다란 살구나무에 있었는데 새콤
하면서 달짝한 살구를 맛나게 먹었던 기억이 난다. 마당 한 켠에는 닭을
키웠는데 따끈따끈한 온기가 느껴지는 달걀을 만지면 기분이 좋아졌다.

우물 옆 조그마한 연못 위에는 여름이면 청포도가 주렁주렁 열렸다.
그러한 추억 때문인지 가끔 청포도를 보면 반갑다. 요즘은 우리나라에
서는 청포도가 보기 어려워졌는데 캐나다 와인 생산지의 광대한 포도밭
에는 청포도가 주렁주렁 달려 있다. 이곳의 포도는 어떤 품종이며 어떤
색으로 영글어 갈까?

오래전 유럽 배낭여행하면서 포도밭에서 잠시 일했었다. 포도나무는
우리나라에 비해 작았고 포도알도 작았다. 와인은 그저 맛만 좋은 것이
아니고 그 지방의 풍속과 기후 환경의 특징을 나타낸다. 이곳의 와인은
어떤 매혹적인 맛일까? 달콤한 아이스와인을 음미하며 한 병을 구입했
다. 언젠가 기분 좋은 일이 생길 때 아이스와인을 와인 잔에 담아 높이
들고 건배하면서 이날을 추억하며 미소 지으면 좋겠다.

포도밭이 펼쳐진 동네 어귀에 있는 하얀색의 교회는 작고 귀엽다. 교회의 종탑이 햇살 아래 부드럽게 빛나고 있다. 특별한 구분 없이 한 폭의 아름다운 풍경화를 이루고 있다. 마음에 담으면서 평온, 감사, 여유 등 좋은 단어들이 떠올랐다. 기네스북에 등재된 세계에서 제일 작은 교회로 1969년에 지은 것이라고 한다. 들어가 보니 작은 강대상이 있고 6명이 앉을 수 있다. 연인이 앉아 있었다. 서로 웃으면서 바라보는 모습이 보기 좋다. 하나님께서 어쩌면 소박한 이곳을 더 사랑하시고 기도하면 더 잘 들어주실 것 같다. 이곳에서는 특별한 장식이 없어서 기도에 집중할 수 있을 것 같다. 잠시 마음을 모으고 기도를 드렸다. 여행하면서 교회를 만나게 되면 내부를 둘러보고 반드시 의자에 앉아서 잠시 묵상을 하고 기도를 드린다. 그러면 마음이 평온해지고 든든해진다.

기도란 무엇이며 사람에게 어떤 의미를 가지는 것일까?

나는 왜 기도를 하는가? 기도는 절대자에게 자신의 마음을 드러내는 것이다. 영혼의 호흡이며 죄를 회개하고 아집을 내려놓고 낮추는 겸손한 모습이다. 하나님의 음성을 잘 듣고 그 분의 마음을 제대로 알고 싶다. 내 삶을 주관하시고 이끄시는 소리를 잘 들었으면 좋겠다. 일방적인 기도는 뭔가 부족하다. 묵상은 절대자의 음성을 듣는 것이라고 생각한다.

이번 여행은 물론이고 앞으로 살아가는 동안 나의 삶과 가족 모두에게 하나님께서 함께하시기를 기도한다. 선하게 인도하심을 간구한다.

이렇게 작은 교회에서 예배를 드리고 가끔 결혼식도 한다고 한다. 효준이, 효은이 결혼식은 일반적으로 하는 예식장에서의 결혼식이 아니라

자연 속에 교회가 있는 이런 곳에서 하면 좋겠다. 사회적 관계에서 할 수 없이 참석하는 사람보다 진심으로 축하하는 사람들만 모여서 하는 의미 있는 결혼식을 하고 싶다.

나이아가라 폭포

55. 세계 3대 폭포의 위용을 경험하다

사람의 일생은 다람쥐 쳇바퀴 같은 반복된 생활이다. 익숙함이 반복되다 보니 때로는 아무 생각 없이 사는 경우가 많다. 오고 가는 길이 같으면 늘 보는 것만 보게 되어 고개 들어 하늘 한번 보기가 어려운 것이 현실이다. 익숙함은 사람을 안주하게 하며 나태하게 하고 결국에는 퇴화시킨다. TV를 비롯한 여러 언론매체에서 수많은 뉴스를 쏟아내고 있지만, 관심 없으면 눈으로 보아도 머리로는 제대로 인식이 되지 않는다.

그래서 누구나 일상탈출을 꿈꾸고 희망한다. 쉬운 것 같아도 결단력과 용기가 필요하다. 한 번쯤 계획을 하더라도 간절함이 없으면 적당한 핑곗거리를 만들어 그만둔다.

가끔 익숙한 현실에서 떠나야만 생각지 않았던 일들이 떠오른다. 잊고 있었던 생각을 하게 되고 현실을 객관적으로 볼 수 있다. 여행은 인생에서 잠시 쉬어가는 활력소이며 새로운 풍경과 사람들과의 만남이다. 우리의 삶이 그렇다. 여행은 짧은 소풍이지만 긴 여행이라고 생각한다.

한 템포 쉬어가는 것도 좋다.

나와 비슷한 연배의 사람들이 지병으로 혹은 사고로 돌연사했다는 소식을 가끔 듣는다. 남은 인생 어떻게 살아야 의미 있게 살 수 있을 것인가? 최소한 후회는 하고 싶지 않다. 나에게 주어진 운명의 수레바퀴 속에서 최선을 다하고 싶다. 중후반부의 인생은 건강하고 가치 있고 보람되게 살고 싶다. 산에 오르면 평소에 중요하다고 생각한 것들이 그렇게 중요하지가 않다는 것을 깨닫게 되기도 한다.

오늘은 햇살마저 따사로운 맑은 날이다. 세계에서 가장 유명한 나이아가라 폭포는 높이 55m에 폭은 671m다. 폭포의 동쪽은 아메리칸 폭포이며 왼쪽은 캐나다의 호슈 폭포로 두 부분으로 나뉜다. 오대호의 하나인 이리 호수에서 35km를 잔잔히 흐르다가 이곳에서 갑자기 많은 물이 떨어진다. 모든 것을 삼켜 버릴듯한 굉음과 함께 엄청난 수량이 쏟아진다. 초당 7,000톤이 쏟아진다는데 1분에 욕조 100만 개를 충분히 채울 수 있는 양이라고 한다. 수력발전소를 가동하면 엄청난 전력을 얻을 수 있겠다는 생각이 들었다. 타잔이 밀림 정글에 있는 폭포에서 멋진 포즈로 뛰는 장면이 생각났다. 물이 계속 바위를 깎아내면서 폭포는 일 년에 1~2m씩 후퇴하고 있다고 한다.

혼블로어 크루즈를 타고 폭포 밑까지 다가갔다. 같은 풍경이라도 보는 눈높이에 따라서 보이는 것은 차이가 크다. 비옷을 입었지만, 폭포에서 떨어지는 물을 피하고 싶지는 않다. 에메랄드 폭포물로 전신 샤워를 하니 가슴이 짜릿하고 온몸이 시원하다.

역시 사진으로 보는 것과 많이 다르다. 살아 움직이는 듯한 웅장한 대자연을 눈으로 보는 것도 좋지만 이렇게 직접 오감으로 경험하는 것은

더 큰 즐거움이다. 이런 맛에 여행을 온다. 나이아가라는 원주민 어로 '천둥소리를 내는 물'이라는 뜻이다. 폭포에 어울리게 잘 지은 이름이다. 인디언들은 이름을 잘 짓는 재주가 있다.

폭포를 정면으로 응시하고 "나이야~ 가라!"라고 큰 소리로 외쳤다. 내 나이는 지금 이 순간부터 여기서 멈추었다. 물길 따라 살아온 나이가 흘러가는 것 같다.

> **ⓘ Tip**
>
> **항공 정보**
> _____
>
> 토론토 - 필라델피아
> Air Canada
> 1인(181,833원 + 세금 84,900원) × 4인 = 1,066,932원
> 21:20pm ~ 22:45pm

56. Niagara-on-the-Lake 마을에 매료되다

나이아가라 폭포 관광 후 제트 보트 옵션을 신청한 사람들이 스릴을 만끽하는 동안 미신청자들은 마을 산책을 하도록 가이드가 지도 한 장 씩을 나누어 주었다.

잠시 내리던 비가 개고 나니 햇볕이 따갑게 내리쬔다. 효은이와 나는 우산을 양산 삼아 받쳐 들고 마을 투어에 나섰다. 호수를 끼고 있는 마을은 동화 속 마을처럼 아기자기하고 예쁜 상점들과 주택이 어우러져 있는 조용한 시골이었다.

작년 시베리아 여행을 하면서 2박 3일간 잠시 들렀던 몽골의 기억이 더 많이 남아 있듯 이번 여행에서도 미국 여행보다 5박 6일의 캐나다 여행이 더 좋게 오래 남을 것 같다.

　넓은 정원을 가꾸는 집주인의 손길이 여유로워 보인다. 우리나라에서도 보기 힘든 우리나라 꽃 무궁화가 아름드리나무가 되어 많이 눈에 띈다. 아기자기하게 코디해 놓은 가게의 쇼윈도를 보고 있자니 들어오라고 손짓하는 듯하다.

　많은 관광객과 주민들이 조화를 잘 이루는 마을이다. 평화롭다는 느낌을 받으며 오후의 한 때를 즐긴다. 정원의 꽃을 가꾸고 예쁜 꽃 화분으로 창을 장식하는 여유가 넘치는 삶이 부럽다. 드넓은 포도밭이 풍요로워 보인다.

(아내의 여행노트)

4 미국 동부와 타이베이 여행

57. 독립 선언한 필라델피아 & 가장 큰 파이프 오르간

- 시청 & 메이시 백화점

누구에게나 처음은 특별하다. 첫 만남은 오랜 시간을 두고 계획에 의한 것도 있고 한순간에 훅 하고 밀물처럼 다가온 경우도 있다. 그 당시에는 잘 느끼지 못했던 감정들이 돌이켜보면 기쁨과 설렘으로 가득했기에 미소를 짓게 된다. 사람들은 첫 경험을 세월의 흐름과는 상관없이 잊혀지지 않고 가슴 한켠에 두고 살아간다. 추억을 생각하면 그 당시로 돌아가기 때문에 젊어지는 것 같다.

필라델피아는 미국의 첫 번째 수도였다. 미국 여행 하면서 한 번은 가보고 싶었다. 미국 역사는 241년밖에 되지 않았는데 현재 초강대국이 된 비결이 무엇일까? 길지 않은 미국의 역사의 현장을 직접 보고 싶었고 현재에도 살아 숨 쉬고 있는 의미 있는 거리를 걷고 싶었다.

초창기 정착민들은 자유를 찾아 대서양을 건너 미지의 땅인 아메리카

인 이곳으로 이주하여 정착했다. 많은 어려움을 겪으면서 1776년 인디펜던스 홀에서 독립선언을 했을 때 얼마나 감격스러웠을지 미루어 짐작이 간다.

필라델피아의 역사이며 랜드마크인 시청사(Philadelphia City Hall)에서 가이드 투어를 신청했다. 투어비는 일반인 15달러, 학생은 8달러며 2시간 동안 진행되었다. 가이드는 전형적인 미국 할아버지다. 일상생활에서 유머를 많이 한다고 하는 미국인이 아닌 것처럼 위트 한번 없이 빠른 설명을 해서 피곤했다.

시청은 1872년 '존 맥아서 주니어'의 설계로 건축을 시작하여 1901년에 완공되었다. 철근 콘크리트가 아닌 벽돌로만 이루어진 건물이다. 총 9층으로 높이는 167m에 약 700개의 방이 있는 거대한 규모의 초고층 빌딩으로 설립 당시에는 미국에서 제일 높았다고 하는 건물이다. 시청을 짓는데 2천4백만 달러(한화 약 270억) 정도가 들었다. 프랑스의 Second Empire 양식을 토대로 만들어진 이 건물 위에는 하얀 시계탑이 있고 시계탑 위에 1m 정도의 윌리엄 펜 동상이 세워져 있다. 내부에는 크고 작은 250여 개의 조각상이 있다.

시청 내부 곳곳에서 방의 품격이 느껴졌다. 특히 원탁 테이블이 놓인 회의실은 인류를 위해서 뭔가 중요한 회의를 하는 것처럼 마음을 숙연하게 했다.

투어의 마지막 코스이며 하이라이트는 전망대에 올라가는 것이다. 엘리베이터는 안내하는 직원 외 4명만 탄다는 가이드의 설명을 듣자마자

가족에게 먼저 타게 줄 서라고 눈짓을 했다. 행동은 빠르게 했지만, 엘리베이터 부근에 있던 아가씨들이 우리보다 먼저 줄을 서서 탔다. 두 번째로 타기 위해 줄 서서 기다렸다. 한 팀이 구경하고 내려오는 시간이 30분이 걸린다. 아마 마지막에 타는 사람은 적어도 4시간은 기다려야 할 것이다. 우리 가족 뒤에 몸이 불편한 인도인 할머니와 할아버지에게 서 계셨다. 그분들에게 먼저 타시라고 양보하고 세 번째로 탔다. 안내하는 직원은 우리가 한국에서 왔다고 하니 본인이 오래전에 진해에서 해군 복무를 했다면서 반가워했다. 그때 고등어구이를 맛있게 먹었다고 했다. 음식에 대한 추억은 놀랍고 신기하다. 사람은 죽을 때 추억의 음식을 먹고 싶어한다고 한다. 나는 죽기 전에 어떤 음식을 먹고 싶을까?

넓지 않은 전망대를 둘러보니 필라델피아 시내가 한눈에 보인다. 20분의 시간이 짧게 느껴지는 순간이다.

메이시 백화점(Macy's Center City)에는 세계에서 제일 큰 파이프 오르간이 7층에 걸쳐 있다. 이곳은 여행 오기 전에 아내가 찜해 놓은 곳이다. 1995년 Center City가 메이시 백화점으로 인수되면서 백화점의 명물이 되었다. 대형 화물트럭 13대로 운반하여 설치하는 데만 2년이 걸렸다. 28,482개 파이프와 436개 랭크로 구성되어 있다. 7,100만 달러 이상의 가치를 가졌다고 한다.

12시에 연주를 한다는 정보를 가지고 시간 전에 가서 백화점을 구경하고 잘 보이는 3층에서 파이프 오르간을 마주하고 바닥에 앉았다. 연주자가 부드럽게 연주를 하는데 들리는 소리는 장엄하다. 개인적으로 미국 도시 중에서 워싱턴 다음으로 마음에 들었다.

숙소 정보

Days Inn Philadelphia Convention Center
2박 3일 239.03달러 + 세금 37.04달러 = 276달러

차이나 타운 레스토랑

베이징덕 세트 메뉴 4~6인분 60달러

58. 자유는 소중하다 - 필라델피아 인디펜던스 자유의 종

해외여행에서 숙소는 중요한 비중을 차지한다. 낯선 도시에 도착하면 제일 먼저 가는 곳은 예약한 숙소다. 숙소가 마음에 들면 여행하는 동안 쌓였던 피로가 풀리면서 그 도시에 대한 인상이 좋아진다. 그렇지 않으면 반감되는 경우가 많다. 이번 여행은 도시마다 머무는 시간이 짧았고 이동 거리가 길었다. 12개 도시를 여행하면서 여러 형태의 숙소에 관한 에피소드가 많았다.

부킹닷컴의 장점은 예약한 날에 사정이 생겨서 취소할 경우 1주일 이전까지는 무료 취소다. 작년에는 그렇지 않았는데 올해는 특별 할인 행사(?)라 무료 취소가 안 된다. 성수기이기 때문에 내가 취소하면 어차피 다른 사람이 숙소를 예약하므로 취소 수수료만 받으면 되는 것이다. 그런데 예약할 때 부킹닷컴에 등록된 신용 카드로 숙박비 전액이 결제되었다. 이번 여행은 이런 황당한 경우도 있었다.

캐나다 동부 여행은 처음 계획에는 없었다. 토론토 교외에 사는 블로그 이웃이 괜찮은 패키지 상품을 추천해서 신청을 하고 보니 45명이 단체로 움직이는 여행을 하게 되었다. 이렇게 많은 인원의 패키지 여행은 처음이고 좋아하지 않는다. 패키지 여행 일정과 나이아가라 폭포를 보기 위해 예약한 버펄로에 있는 Days Hotel Buffalo Airport 숙박 날짜가 겹쳐서 2박 3일 숙박비 250달러를 아깝게 날렸다. 어떤 도시는 날짜를 잘못 계산해서 3박 4일을 2박 3일로 변경하였는데 하루 숙박요금이 환불되지 않았다. 귀국하여 부킹닷컴에 문의를 하였으나 아무런 연락이나 답변이 없다. 고객관리를 이렇게 무성의하게 하는 것에 대해서 많은 실망을 했다. 어떤 도시는 직접 가보면 사진과 달라서 당황한 경우도 많았다. 부킹닷컴에 예약한 금액이 있는데 현지에 가보면 세금을 비롯한 이런저런 명목으로 더 많은 금액이 청구되었다. 내년 동유럽 여행은 부킹닷컴을 이용하지 않을 생각이다.

필라델피아 Days Inn은 마음에 든 곳에 해당한다. 프런트의 직원들은 친절했다. 입구에는 시원한 레몬과 자몽이 들어있는 커다란 물통이 있어 갈증과 지친 우리를 시원하게 했다. 카운터 직원에게 어떻게 구경하면 좋을지 문의를 하니 시내지도를 주면서 자세한 설명을 했다. 체크아웃할 때 숙박요금 영수증을 주었다. 지금까지 호텔에서 지도를 준 경우와 숙박 영수증을 준 경우는 3곳밖에 없었다. 시청, 메이시 호텔, 차이나타운, 코인 세탁소는 걸어서 15분 거리였다. 워싱턴으로 가는데 타고 간 그레이하운드 터미널도 걸어서 20분 거리였다. 숙박료에 포함된 아침식사도 마음에 들었다.

1776년 7월 4일 인디펜던스에서 미국 독립 선언을 했다. 인디펜던스는 1787년의 헌법제정회의의 무대가 된 미합중국의 상징으로 필라델피아에서 가장 유명한 관광명소다. 내부는 헌법을 기초한 회의실(Assembly Hall)과 독립 당시 사용되었던 귀중한 물건들이 보존되어 전시되고 있었다. 의외로 소박하다. 이 건물은 달러 중에 제일 큰 고액권인 100달러 지폐 뒤편에 있다. 미국인들이 이곳을 얼마나 귀하게 생각하며 자긍심을 가지고 있는지 알 수 있다. 100달러 지폐 앞면은 대통령을 지내지 않았지만 독립을 위해 노력한 유명한 벤저민 프랭클린(1706~1790)이다. 중학생 때 그의 전기를 읽고 나의 실천 목록을 작성했었다.

"일생에 한 번 있을까 말까 한 큰 행운보다는, 날마다 일어나는 소소한 편안함과 기쁨에서 행복은 더 많이 찾을 수 있다."

- 벤저민 프랭클린

인디펜던스 홀 동쪽에 있는 건물은 1789년에 세워진 옛 시청사(Old City Hall)다. 1791~1800년에 이곳이 미국 최초의 재판소였다. 규모가 생각 외로 작았다. 그 당시에는 재판할 일이 별로 없었는가 하는 생각이 들었다. 안내하는 사람은 일방통행을 하라면서 관람객들에게 큰 소리로 말했다.

자유의 종은 독립선언 때 높이 울려 퍼졌던 것으로 유명하다. '법과 정의의 상징'이라 불리고 있다. 성서에서 인용한 "온 나라의 국민에게 자유를 선언하노라"라는 구절이 종에 새겨진 것에서 유래하였다. 무게는 약 45kg이며 높이는 1.6m이다. 가이드 북에는 커다란 유리 속에 있다고 했는데 그렇지는 않았다.

우리나라 절에 있는 풍경이 생각났다. 잔잔한 바람이 불면 흔들리며 청아하게 맑은 소리가 나는 것을 좋아한다. 풍경에는 왜 물고기가 달려 있을까? 붕어라고 한다. 물고기는 눈뜨고 자고 있기에 산사를 지켜준다는 의미도 있지만, 목표를 위해서 수행에 전진하라는 뜻도 있다고 한다.

 Tip

교통 정보

필라델피아 - 워싱턴
11:30am ~ 3:00pm 그레이하운드 1인 30달러
4인 세금 포함 126달러
비교: 암트랙 4인 360달러

워싱턴

59. 당신들의 고귀한 희생으로 자유롭게 삽니다 - 알링턴 국립묘지

우버 택시의 내비게이션도 틀릴 때가 있다. 워싱턴 버스 터미널에 도
착했다. 이곳은 기차와 여러 버스 회사가 모여 있는 종합 터미널이다. 우
버를 타고 다리를 건너 알링턴 지역에 도착했다. 1500번지는 보이는데
예약한 호텔 주소인 1501번지는 보이지 않는다. 운전기사는

"이 부근이니 찾아보면 있을 테니 여기서 내려라"

"안된다. 여기는 초행이므로 호텔 앞까지 가자."

운전기사는 투덜대기 시작했다.

결국, 주택단지 한 바퀴를 돌았는데도 호텔이 보이지 않는다. 도로 건
너편으로 가니 호텔이 있었다. 운전기사 말대로 처음 내리라고 한곳에
내렸으면 캐리어 끌고 육교 건너며 많이 걸을 뻔했다. 다른 건물들은 번
지 순서대로 되어있었는데 호텔은 왜 도로 건너편에 있었을까? 내비게이
션은 정확하게 안내를 하지 않았을까?

호텔은 깔끔하고 마음에 들었다. 짐 정리를 하고 잠시 휴식을 한 후 늦은 점심으로 햇반과 라면을 끓여 먹었다. 역시 여행지에서 먹는 라면은 원기를 돋우는 보양식이며 꿀맛이다. 해가 있을 때 알링턴 국립묘지를 구경하고 저녁 식사를 하기 위해 나왔다.

20분 정도 걸으니 호텔 방에 걸려있던 사진 속의 기념탑이 보인다. 생각보다 컸다. 돌아오면서 보기로 하고 국립묘지 문 닫을 시간이 얼마 남지 않아 발걸음을 재촉했다. 파란 하늘과 푸른 넓은 잔디 위에 사람들이 평화롭게 즐기고 있다. 공원 입구에서부터 차임벨 연주곡이 들린다. 저절로 그곳으로 발걸음을 향했다. 맑고 경쾌한 멜로디가 귀를 기울이게 하고 우리를 환영하는 것 같아서 기분이 좋았다. 입구에 정복을 입은 안내원에게 설명을 들으니 녹음된 것이 아닌 연주자가 지금 연주를 하고 있다고 한다. 이렇게 큰 차임벨로 연주하는 것은 처음 들었다. 차임벨 연주하는 방법이 신기했다.

알링턴 국립묘지는 포토맥 남서쪽 교외에 있다. 남북 전쟁, 제1·2차 세계대전, 베트남 전쟁, 걸프전 등에서 전사한 22만 5,000명 이상의 참전 군인들이 잠들어 있다. 미국에 있는 백여 개의 국립묘지 중 뉴욕의 롱아일랜드 칼버튼 국립묘지 다음으로 규모가 크다.

군인은 죽어서도 오와 열이 중요한가 보다. 초원처럼 넓게 펼쳐진 푸른 잔디 위에 흰색의 묘비들이 사열을 하듯이 줄지어 있다. 어디로 보아도 칼 같은 각이 살아있다. 공동묘지의 느낌이 들지 않고 평화로운 공원 같다. 아름드리나무들이 곳곳에 있고 새들이 지저귀고 다람쥐들이 재빠르게 나무를 타고 도토리를 먹고 있다.

우연히 'KOREA'가 적힌 묘비가 눈에 띄어 마음이 짠했다. '(MAY 14,

1921~DEC 2, 1950)' 29살의 꽃다운 청춘은 한국전에 참여하여 전사했다. "감사하고 미안합니다." 그에게 감사의 묵념을 했다.

"헛되이 살지 마. 잘 살아야 돼. 우리 몫까지."

"내가 열심히 살았다고 이야기해 줘."

영화 '라이언 일병 구하기'(1998)을 오랜만에 다시 보았는데 가슴 뭉클한 감동을 받았었다. 2차 세계대전이 치열한 전황 속에서 미국 행정부는 전사자 통보 업무를 진행하던 중 충격적인 사실을 발견하게 된다. 4형제 모두 이 전쟁에 참전한 라이언 가에서 며칠 동안 3형제가 이미 전사하고 막내 제임스 라이언 일병만이 프랑스 전선에 생존해 있음을 알게 된 것이다. 라이언 부인을 위해 막내 제임스를 구하기 위한 특수 부대원을 급파하여 그들은 전사하고 라이언 일병은 생존한다. '한 명을 구하기 위해 부대원들이 죽는 것이 옳은 일일까?' 하는 의문이 들었다. 왜냐하면, 그 부대원들도 부모의 소중한 아들이기 때문이다.

전쟁은 진짜 일어나지 않아야 한다. 아군도 적군도 부모에게는 소중한 아들이다. 전쟁으로 인해 소중한 생명이 희생되는 일은 없기를 바란다.

죽음 앞에는 다 평등하지만, 묘비는 다른 듯 장군들의 묘비는 조금 더 크다. 이곳에서 가장 유명한 곳은 1963년에 암살된 존 F. 케네디의 묘지다. 국립묘지를 방문하는 대부분의 참배객들이 그의 묘지를 찾는다. 케네디 전 대통령과 재클린의 묘가 안장된 곳 옆에는 존 F. 케네디의 형제인 로버트 케네디 전 법무장관과 2009년 타계한 에드워드 케네디 상원의원의 묘가 나란히 있다고 가이드 북에는 적혀 있다. 그러나 실제로 가

보니 케네디 형제의 묘는 옆에 있지 않고 밑으로 한참 떨어져 있었다.

알링턴 하우스(Arlington House)는 케네디의 묘지 뒤쪽에 있는데 국립 묘지에서 가장 높은 곳에 있다. 건물이 신전처럼 멋있어 보여 둘러 올라 갔다. 남북 전쟁의 영웅 로버트 E. 리 장군 소유의 토지와 저택이 있었던 자리를 기념관으로 만들었다. 실내는 19세기의 화려한 생활양식이 재현되어 있다고 하는데 문이 닫혀 보지 못했다.

알링턴 하우스 내부보다는 건물 앞에서 바라다보는 포토맥 강과 워싱턴 시내 전경이 장관이다.

'무명용사의 묘'는 신원 파악이 안 된 전사자들이 묻혀 있는 무덤으로 50톤의 무개 대리석 묘비 앞에 언제나 위병들이 경호하고 있다.

미국에서 잘하는 정책 중 하나는 국민 한 사람의 생명을 존중하고 끝까지 책임지는 것이다. 징병제가 아니라서 군인에 대한 대우가 좋은 것 같다. 헛된 죽음이 되지 않게 나라가 인정해주는 것이 고귀한 희생을 한 사람에 대한 최소한의 예의다. 우리나라는 군 복무를 한 사람이 취업할 때 가산점도 특혜라고 하는 것은 상식적으로 이해가 되지 않는다.

우리가 들어온 옆문은 철문이 닫혔다. 내 생각으로는 열린 작은 문으로 가면 되는데 가족들이 안 된다며 정문으로 돌아서 가자고 한다. 어쩔 수 없이 20여 분을 걸었다. 호텔로부터 점점 멀어지고 있다. 커다란 나무 숲을 지나면 인도가 나올것 같았는데 차도 밖에 없다. 점점 더 멀어지고 있다. 결국, 지하철을 타기 위해 알링턴 국립묘역으로 되돌아왔다. 지하철역의 직원들은 부스에서 햄버거를 먹으며 묻는 말에 불친절했다.

지나가는 아가씨의 도움으로 기계에서 승차권을 발권했다. 한 명당 4 달러. 사용하지 않아도 되는 16달러를 냈다. 마음속으로 시간낭비하고 쓸데 없이 돈을 쓴 것에 대해 화가 났지만 마인드 컨트롤을 했다. 두 정거장을 타고 이오지마 호텔 주변 역에서 내렸다. 역 주변인데 상가와 식당은 많지 않았다. 저녁 식사를 할만한 식당은 보이지 않았다. 시간은 8시가 넘어가고 많이 걸어서 피곤하고 배고픈 상태다. 식당을 찾다가 결국 호텔 앞에 있는 레스토랑에서 피자와 파스타를 맛나게 먹었다.

ⓘ Tip

우버 택시

버스 정류장에서 호텔까지 16달러, 팁 2달러

숙소 정보

Red Lion Hotel Rosalyn Iwo Joma
1박 2일 89.99달러

---

60. I HAVE A DREAM - 백악관 & 링컨 기념관 & 워싱턴 기념탑

오늘은 워싱턴에서 역사적인 인물들을 만나고 매스컴에서 자주 보았던 유명한 장소를 구경하는 날이다. 아침 일찍 준비해서 우버 택시를 타고 백악관으로 왔다. 백악관은 워싱턴 D.C.가 수도로 정해지면서 가장 먼저 지은 공식 정부 건물이다. TV에서 가끔 본 백악관 바로 앞에 있으니 실감이 나지 않았다. 청와대는 구경하지 못했다. 일반적으로 관공서 대부분은 왠지 건조하고 딱딱한 느낌이 든다. 백악관 앞의 도로는 한산

하고 도로 건너편에 공원이 있어 생각보다 평화로운 분위기에 친근감이 느껴진다. 벤치에는 노숙자가 아직 잠을 자고 있었다. 예상대로 집회를 하고 있었다. 40여 명이 피켓을 들고 마이크로 자신들의 주장을 말하고 둥글게 원을 그려 노래 부르고 해산했다. 경찰관 두 명이 조금 떨어져서 바라보고만 있다.

백악관은 초대 대통령 조지 워싱턴을 제외한 존 애덤스부터 200년 동안 역대 미국 대통령이 모두 이곳에서 거주하면서 업무를 보았다. 처음에는 '대통령의 집(President's House)'이라 불렸다. 1812~1814년 독립 전쟁 당시 영국군이 불을 질러 시커멓게 탄 벽에 흰색 페인트칠을 하면서 '백악관(White House)'이라 불리기 시작했고 루스벨트 대통령 때부터 공식 명칭이 되었다. 1961년 존 F. 케네디 대통령이 마지막으로 손질한 백악관은 3층 규모로 132개의 방이 있다. 1층에 대통령 집무실이 있고, 2층과 3층은 대통령 가족이 생활하는 사적인 공간이다.

파란 하늘 아래 선선한 공기가 걷기에 좋은 날씨였다. 깨끗하고 탁 트인 시야에 푸르름이 눈을 시원하게 한다. 대자연의 상쾌한 숨결은 피곤한 여행자를 위로한다. 보고 싶었던 것을 보게 되는 설렘이 크다. 걸을 때마다 마주하는 새로운 세상을 보는 것을 즐거워하고 있다. 특히 영화와 TV에서 본 곳을 실제로 보는 것은 여행에서 또 다른 선물이다.

여행은 삶의 쉼표인 동시에 만남이다. 살아간다는 것은 만남의연속이다. 누구에게나 보고 싶은 사람, 만나고 싶은 사람, 이 땅에서는 만날 수 없어서 더욱 그리운 사람이 있다. 그 사람의 흔적이라도 보고픈 사람이 있다. 사람마다 삶의 무게가 천차만별이다. 누군가에게 만나고 싶은 사람이고 싶다.

미국 하면 생각나는 사람이 있다. 이곳은 미국에서 정치의 중심 도시이기 때문에 정치인을 떠올려본다. 조지 워싱턴, 벤저민 프랭클린, 토머스 제퍼슨, 에이브러햄 링컨, 존 F. 케네디, 마틴 루터 킹을 만나니 반가웠다. 청소년 시기에 위인들의 이야기에 매료되어서 한동안 위인전만 읽었었다. 책에서 만난 위인들을 이렇게라도 보니 좋아서 마음속으로 반가운 인사를 했다.

링컨 기념관은 대중들의 집회가 자주 열렸던 미국 민주주의의 중요한 장소이며 제16대 대통령인 에이브러햄 링컨(Abraham Lincoln)의 공적을 기념하기 위해 건축한 기념관이다. 건축가 헨리 베이컨의 설계로 1922년 5월 30일에 완성되었다. 푸른 녹지 위에 웅장한 흰색 대리석 건물은 그릭 리바이벌 양식으로 지었다. 아테네의 파르테논 신전을 본뜬 건물로 36개의 도리아식 기둥으로 둘러싸여 있다. 36이라는 숫자는 링컨 대통령이 암살된 당시 북부 연방 36개의 주(州)를 의미한다. 기념관 중앙에는 에이브러햄 링컨의 거대한 대리석 좌상이 있다. 조각가인 대니얼 체스터 프렌치의 작품이다. 조각상 뒤쪽에는 에이브러햄 링컨을 향한 미국인들의 존경심을 담은 문구가 적혀 있다. 왼쪽 벽에는 '국민의, 국민에 의한, 국민을 위한 정치'라는 유명한 말을 남긴 게티즈버그 연설(The Gettysburg Address)이 있다. 오른쪽 벽에는 링컨 대통령이 두 번째로 취임한 1865년 3월 4일의 대통령 취임사 일부가 새겨져 있다.

1832년 실직
1832년 입법부 의원 출마 낙선
1833년 사업 실패

1834년 입법부 의원 피선

1835년 부인 사망

1836년 신경쇠약

1838년 의장 출마 낙선

1843년 의회 지명권 상실

1848년 의회 재지명권 상실

1954년 상원 의원 출마 낙선

1956년 부통령 지명권 상실

1858년 상원 의원 출마 2차 낙선

1860년 대통령에 당선

거듭되는 실패로 인하여 좌절과 절망할 때마다 에이브러햄 링컨(1809~1865)을 생각하며 위로를 받는다. 한 인간으로서 감당하기 어려울 만큼 많은 실패를 했음에도 다시 도전한 링컨을 존경한다. 12살 때 어머니께서 돌아가시면서 성경을 읽으라는 유언과 함께 성경을 유품으로 남기셨다고 한다. 그는 인생의 어려운 순간마다 성경을 읽고 인내하였으며 기도하면서 새 힘을 얻고 소망을 품었으리라 생각한다.

나 또한 수십 년 전부터 아침에 책상에 앉으면 성경을 펼치고 대학노트 한 페이지에 말씀을 적는다.

에이브러햄 링컨 대통령이 노예해방에 서명한 지 약 1백 년 되는 1963년 8월 28일 마틴 루터 킹(Martin Luther King, Jr.) 목사는 이곳에서 "나에게는 꿈이 있습니다.(I Have a Dream)"라는 연설을 한 것으로도 유명하다. 20만 명이 넘는 흑인과 백인들이 듣기 위해 왔다고 한다.

워싱턴 기념탑은 백악관과 국회의사당과 함께 워싱턴 D.C.를 상징하는 건축물이다. 미국의 초대 대통령인 조지 워싱턴의 업적을 기념하기 위해 세운 탑이다. 총 높이는 170m이며 오벨리스크(고대 이집트 왕조에서 태양신을 기리며 세운 방첨탑) 형태로 지어졌다. 처음 보았을 때 파리처럼 이집트에서 가져온 것인 줄 알았다. 국회에 경의를 표하는 목적으로 건설되었기 때문에 워싱턴 D.C.에서는 이 기념탑보다 높은 건물을 건축할 수 없도록 제한한 법규가 있다. 미국의 수도임에도 불구하고 워싱턴 D.C.에서 고층 빌딩을 보기 드문 이유다. 건축 도중에 중단했기 때문에 삼 분의 일 지점에서 위아래 색깔이 달랐다. 전망대에서 워싱턴 시내를 조망할 수 있다고 했다. 그러나 가는 날이 장날이라고 내년 12월까지 수리 중이라서 전망대는 출입 금지다.

　　일기예보는 정확했다. 오후가 되니 더웠다. 계획대로 규격화된 도시는 잘 짜인 블록처럼 깔끔하게 정돈된 느낌이다. 곳곳에 공원 조성도 잘 되어 잠시나마 팔 베개를 하고 누워 쉬면서 흰 구름이 흘러가는 파란 하늘을 보고 싶다. 시간이 아쉽다. 워싱턴도 기대 이상으로 좋았다.

ⓘ Tip

여행 동선은 백악관을 먼저 보고 링컨기념관에서 시작하면 좋다. 오후에 날씨가 더우면 박물관을 관람하자. 주변에 식당이나 패스트 푸드가 잘 보이지 않으므로 아침에 호텔에서 나올 때 간단하게 먹을 것을 준비하면 좋다.

61. 인간이 어디까지 잔인할 수 있는가? - 홀로코스트 메모리얼 박물관

역사는 사람이 살아온 발자취다. 사람에 의해 역사가 만들어지고 세계사의 흐름이 달라진다. 인류의 역사는 전쟁의 역사라고 해도 과언이 아니다. 전쟁은 남자들이 목숨을 담보로 하는 어리석은 행동이며 여자와 아이들이 피해를 본다.

사람은 어디까지 잔인할 수 있을까?

홀로코스트 메모리얼 박물관은 1993년 4월에 개관했다. 홀로코스트는 책과 영화를 통해서 어느 정도 알고 있었다. 1945년 1월 27일 "죽음의 대기실"이라고 불리는 폴란드 아우슈비츠의 유대인 포로수용소에서 해방될 때까지 600만 명에 이르는 유대인이 인종 청소라는 명목 아래 나치에 의해 잔혹하게 학살되었다. 인간의 폭력성, 잔인성, 배타성, 광기가 어디까지 갈 수 있는지를 극단적으로 보여주었다는 점에서 20세기 인류 역사에서 최대로 슬픈 사건으로 꼽는다.

효준이와 효은이에게 인간의 존엄성과 자유의 소중함을 보여주고 싶어서 시간을 내어 관람했다. 박물관의 어두운 붉은 벽돌이 제2차 세계대전의 암울했던 고통의 역사를 보여주는 것 같았다. 박물관 건립은 나치 치하에서 생존했던 유대인 Pei Cobb Freed & Partners와 James Ingo Freed가 맡았다. 전시실에는 900여 점의 나치 학살 관련 사진과 자료와 70여 편의 다양한 영상물이 있다. 당시 상황이 그대로 전해지는 흑백 사진과 유대인들의 체온이 느껴지는 유품들이 마음을 아프게 한다. 유대인들이 느꼈을 죽음의 공포와 생존의 절박함이 고스란히 전해진다. 가스실 앞에 뼈만 앙상하게 남은 사람들이 머리카락이 깎인 채로 무표정하게 서 있는 사진은 전시된 사진 가운데 제일 참혹한 사진이다.

전시품 중 안네에 관한 코너가 있어 반가웠다. 오래전에 읽었던 『안네

의 일기(The Diary of Anne Frank)』가 생각났다. 안네 프랑크와 그의 가족들이 2년 넘게 나치를 피해 숨어 산 이야기가 안네의 일기에 고스란히 적혀 있다. 2차 대전 후 전 세계 60개 언어로 번역되어 3,200만 권 이상 판매됐다. 2009년 유네스코 세계기록유산에 등재되기도 했다. 집 안에서 숨죽이며 살았을 그때의 상황을 생각해본다. 1944년 8월 4일은 안네가 가족들과 함께 나치 경찰에게 붙잡혀 강제 수용소로 끌려간 날이다.

아무런 잘못이 없는 사람들에게 가해진 잔인하기 이를 데 없었던 나치의 잔혹성을 관람하는 두 시간 동안 참을 수 없는 슬픔으로 마음이 무거웠다. 그들은 용서를 빌었다. 일본은 아직 우리에게 사과는커녕 '일본군 위안부 기록물'을 유네스코에 등재하는 것도 방해하고 있다.

드디어 밖으로 나왔다. 파란 하늘에 흰 구름이 내 마음을 위로하는 것 같다. 신선한 공기를 가득 들이마신다. 자유는 공기처럼 소중하다. 어린 왕자는 진짜 소중한 것은 눈에 보이지 않는다고 말했다. 그렇다. 우리는 지금의 자유를 당연하게 생각하며 소중함을 느끼지 못하고 살아가고 있다. 새삼 자유로운 세상에 살고 있는 것이 감사하다. 삶이 주는 희망과 절망은 순간적이다. 행복과 불행도 잠시 잠깐이다. 우리의 삶은 명료하지 않고 불확실하다. 그러나 신앙인은 인생의 처음과 끝을 알고 있다. 그래서 믿음 좋은 신앙인은 사는 모습이 담백하다. 시간은 끊임없이 흐르고 우리의 인생도 흘러 지나가고 있다. 지금 이 순간 건강하게 살아 있음에 감사한다.

교통 정보

워싱턴 - 뉴욕

그레이하운드 1인 (164달러 + 세금 8달러) × 4인 = 688달러

비교: 암트랙 1인 800달러

3:00pm - 7:30pm

뉴욕

62. 한 곳에서 시공을 초월한 예술을 보다 - 메트로폴리탄 박물관

창밖으로 희미하게 들려오는 빗소리로 잠에서 깨었다. 이번 여행에서 처음 비가 내린다. 작년 이맘때 러시아 모스크바에서도 비가 내려 에르미타주 박물관에 갔었다. 일상에서는 비 내리는 풍광을 건물 안이나 차 안에서 창밖으로 바라보는 것을 좋아한다. 그러나 많이 걸어야 하는 여행지에서는 반갑지가 않다. 여행지에서 날씨는 여행자의 마음과 여행 계획에 영향을 준다. 그렇다고 비 때문에 APT에 머물러 있을 수만은 없다.

주어진 한정된 시간에 우리는 최선을 다해서 여행이 주는 색다른 즐거움을 느끼기 위해 거리로 나왔다. 다운타운의 높은 빌딩 숲은 회색빛으로 무거워 보인다. 센트럴파크에서 산책하려고 했던 계획은 우버 택시 안에서 보는 것으로 만족해야 했다. 비 오는 날은 선택의 여지가 없이 최선인 메트로폴리탄 미술관으로 향하게 한다. 여행의 속도가 벅차다고 느껴질 때면 잠시 숨을 고르는 시간이 필요하다. 그럴 때 찾는 곳이 박물관과 미술관이다. 자연과 건물에서 보는 것과는 또 다른 느낌이다. 이곳에서 작품을 보고 있으면 작가의 삶의 의미와 가치를 곰곰이 생각해 보며 나를 돌아보게 된다.

영화에서 보았던 멋진 뉴욕 5번가에 있는 'Met'이라는 애칭으로 더 잘 알려진 'Metropolitan Museum of Art'는 영국 대영 박물관, 파리 루브르 박물관과 더불어 '세계 3대 미술관'으로 꼽힌다. 외관의 건물은 어디서 많이 본듯하며 웅장함이 느껴진다. 역시 생각대로 많은 사람들이 입장하기 위해 우산을 받쳐 들고 긴 두 줄로 기다리고 있었다. 저쪽에 있는 줄은 짧아 보여 단체 관광객인가 싶어서 경비원에게 물어보니 어느 줄이든 상관없다고 한다. 1시간의 기다림 끝에 입장했다. 입장료는 성인은 25달러며 학생은 12달러다. 도네이션이 가능하므로 자기가 원하는 만큼 내고 입장한다는 정보를 알고 있었다. 20달러를 내었다.

유럽에 있는 유명 박물관은 대부분 국가에서 운영한다. 미국의 박물관은 기부 형식으로 만들어지고 개인이나 단체에서 운영한다. 메트로폴리탄 미술관이 세계 3대 미술관이 되기까지는 피어폰트 모건, 로버트 리먼 록펠러 가문 등 '노블레스 오블리주'가 큰 힘이 되었다.

1866년 미국 외교관인 John Jay는 파리에서 열린 미국 독립기념일 파티에서 미술관의 필요성을 제안했다. "미국이 유럽, 특히 프랑스에 밀리는 게 뭐가 있는가. '문화'만 아니면 어느 것 하나 뒤질 게 없지 않은가. 프랑스가 루브르를 나라의 상징으로 가꾸듯이 우리도 이에 버금가는 멋진 미술관을 설립해 미국의 자존심을 회복하자"고 연설했다. 경제력에서는 기죽을 이유가 없지만 짧은 역사로 문화에 관해서는 한없이 작아지는 미국이었다. 개관 당시 메트로폴리탄의 소장품은 유럽 회화 170여 점이 전부였다. 하지만 미술 애호가들이 개인적으로 소장한 작품을 기증해서 작품 수는 늘어갔다. 이곳에 현대 미술 작품 200만 점이 있다고 하

니 놀랍다. 특히 르네상스 양식의 전 세계 그림이 다 있다. 요즘은 미술 공부 하러 유럽으로 가지 않고 미국으로 유학 온다고 한다.

교과서나 여러 매체에서 보았던 작품들을 내 눈으로 직접 확인하는 일은 가슴 벅찬 일이다. 같은 작가의 비슷한 작품들도 있지만 느낌은 다르다. 한 장소에서 시공을 초월한 예술작품을 보는 것은 놀랍고 대단하다. 마티스, 렘브란트, 르누아르, 고흐, 세잔, 고갱 등 인상파의 진수를 보여주는 걸작들이 미술관의 품격을 높였다. 미술계의 탁월한 거장들의 작품들을 보고 있으니 여행으로 지친 몸과 피곤한 영혼이 위로받는다. 실제로 눈앞에 있다는 것이 신기하고 특별한 감성을 준다.

폴 고갱의 타히티 섬의 원시성을 그린 작품들을 보면서 실제로 타히티 섬에 가보고 싶다는 생각이 들었다. 반 고흐의 '밀짚모자를 쓴 자화상'에서 느껴지는 강렬함과 강한 터치가 인상적이었다. 피카소가 예술의 아버지라고 극찬한 세잔의 그림을 직접 보니 그의 삶을 그린 영화의 장면이 떠올랐다. 에밀 졸라와는 어릴 때부터 친구였고 대기만성인 그는 1,000여 점 작품 가운데 700여 점이 세계 유명한 미술관에 전시되고 있다고 한다.

너무 많은 유명 작품들을 한꺼번에 관람하면서 뜨거워진 감동을 식히느라 간간히 창밖으로 비가 내리는 풍경을 본다.

"아는 만큼 보인다"고 괴테가 말했다. 일반적으로 여행에 많이 적용되지만, 특히 미술관에서는 절실하게 피부에 와 닿게 된다. 한국에 돌아가면 미술에 대해서 좀 더 공부하고 싶다.

이로써 모스크바의 에르미타주 미술관, 바티칸 박물관, 타이베이 고궁박물관에 이어 세계 6대 박물관을 다 관람하였다. 작품을 볼 때마다 수고한 모든 사람에게 감사한 마음이 든다. 많은 시간을 투자하여 땀과 노력으로 이 세상에 태어난 작품들을 너무 편하게 본다. 적은 돈을 지불하고 영화와 책과 신문을 볼 때도 그렇다. 책을 출간하고 보니 한 권의 책이 나오기 위해 얼마나 많은 노력과 시간이 필요한지 알게 되었다.

ⓘ Tip

숙소 정보

The Grand NYC Apartments
3박 4일 447달러

숙박도 하기 전에 예약할 때보다 훨씬 비싼 673.21달러가 7월 7일 결제되었다. 매니저에게 물으니 뉴욕 중심가에서 이보다 저렴한 숙소는 없다고 한다. 이런저런 명목의 비용이 포함되었다고 하면서 부킹닷컴으로 예약하지 않고 본인에게 직접 하면 더 저렴하게 해줄 수 있다고 한다. 이번 여행에서 제일 마음에 안 들었던 숙소다. 추천하고 싶지 않다.

한인타운 레스토랑

짬뽕 12달러 × 2, 울면 12달러, 탕수육 20달러, 밥 2달러
세금 포함 64달러+팁 8.7달러

---

63. 테러와 전쟁은 인간의 욕심에서 일어난 죄악이다
- 9.11 메모리얼 기념탑

인생은 사고의 연속이다. 살다 보면 불의의 사고는 한순간에 일어난다. 우리나라 역사를 돌아보면 오래전부터 예견된 임진왜란이 있었고 예기치 못한 한국전쟁이 있었다. 세계는 지금 무차별적인 테러의 공포에 불안해하고 있다. 세계에서 유일한 분단국가인 한반도의 긴장을 전 세계가 주목하고 있다. 그런데 정작 한국에 사는 우리는 크게 걱정하지 않

는다. 내성이 강해서 면역력이 생긴 것일까?

요란하게 짖는 개는 오히려 물지 않는다고 한다. 그러나 조심하며 멀찌감치 피해 가야 한다. 우리가 할 수 있는 일이 무엇일까? 북한이 살기 위해 핵을 개발하여 미사일 실험을 하고 있다지만 앞으로 어떻게 할지는 아무도 모른다. 트럼프는 미국의 이익을 위하여 연일 강경한 발언을 쏟아내며 위험 수위를 높이고 있다. 정작 우리가 할 수 있는 일은 많지 않아서 안타깝다. 생명 존중과 인내천 사상을 그들에게 알리고 싶다. 김정은과 트럼프가 오판하지 않기를 바랄 뿐이다.

9·11 테러(September 11 Attacks)는 2001년 9월 11일에 여객기 4대를 납치한 이슬람 테러 단체에 의해 동시 다발로 일어난 자살 테러로 전 세계를 충격에 빠지게 했다. 뉴욕에 있는 110층짜리 세계 무역센터(WTC) 쌍둥이 빌딩이 비행기에 의해 무너지고, 버지니아 주 알링턴에 있는 미 국방부 펜타곤이 공격받은 대참사였다. 90여 개국 2,800~3,500여 명이 목숨을 잃고 부상을 당했다.

그 당시 나는 헬스장 러닝 머신 위에서 땀을 흘리며 달리고 있었다. 갑자기 TV 화면에서 커다란 빌딩에 비행기가 부딪히는 장면이 나왔다. 영화의 한 장면인 줄 알았다. 미국 독립 이후 본토가 테러 집단에 당한 것은 전무후무한 일이라고 언론들은 대서특필했다.

지금 이곳에 와 있다. 많은 사람들이 애도하기 위해서 붐볐다. 희생자를 알지 못하지만, 희생자들의 새겨진 이름을 보면서 명복을 빌었다. 소중한 생명이 타인의 잘못으로 안타깝게 희생되는 일이 없기를 바란다.

64. 주식을 하면 뉴욕 증권 거래소가 궁금하다
- 월 스트리트 & 패더럴 홀 기념관

1996년은 많은 국민 누구에게나 주식이 알려질 정도로 호황이었다. 객장에는 장바구니를 든 아주머니들이 모여들기 시작했다. 그때는 상투이기 때문에 그만 두어야 한다. 그때 처음 주식거래를 하기 시작했다. 경제학과 통계학을 공부하였으며 경제학사증이 있다. 주식을 하면서 틈틈이 주식 관련 서적 30여 권을 탐독했다. 매일 아침 국제 뉴스를 비롯해 다우와 나스닥 지수를 확인하며 내가 보유한 종목의 등락에 대해 신경을 쓰게 되었다.

내 마음 같지 않은 것은 사람의 마음뿐만이 아니라 주식도 해당한다. 주식의 이론과 실제는 달랐다. 주식은 살아있는 생물이라고 한다. 스캘핑을 하면서 눈에서 불이 나고 머리에 뜨거운 열기로 뚜껑이 열리는 것을 여러 차례 경험했다. 감정의 희비 쌍곡선을 몇 차례 느껴보기도 했다.

주식은 타이밍의 예술이라고 한다. 기계적인 손절매를 잘해야 하는데 사람의 마음이 그렇지 못해서 참 어렵다. 알파고는 프로그램대로 실행해서 수익률은 높을 것이다. 여유 자금을 가지고 특정한 계절과 자연 사회 현상에 따라 등락을 반복하는 주식을 매수하여 느긋하게 지켜볼 수 있으면 좋겠다. 그 당시 삼성전자가 20만 원 안팎이었는데 지금은 280만 원이다. 타임머신을 타고 과거로 돌아가게 된다면 저평가된 주식을 사고 싶다. 요즘은 일정한 흐름을 경험으로 조금은 알 수 있다. 패턴의 예측과 감에 의한 주식을 하고 있다. 크게 욕심내지 않고 일정 수익을 얻는 데 만족한다.

세계 금융의 중심지인 Wall Street에 있는 뉴욕 증권거래소에 가보고

싶었다. Wall Street는 1653년 네덜란드 정착민들이 영국의 공격에 대비하기 위해 쌓은 흙벽이다. broadway로부터 east river까지 일곱 블록으로 좁고 짧은 거리다. 이곳은 남북전쟁 이전부터 이미 미국의 금융 중심지로 알려졌다. 월가 금융지구에는 뉴욕 증권거래소, 아메리카 증권거래소, 투자은행, 국채 및 주채 거래업소, 신탁 회사, 연방 준비은행이 있다. 다시 말하면 세계의 거대 자본을 움직이는 곳으로 세계 금융의 중심지다.

25년 동안 주식을 하면서 온라인으로만 보았던 곳을 실제로 본 느낌은 남다르다. 내부를 보지 못한 것이 조금 아쉽다.

'월 스트리트 황소'는 금방이라도 무서운 기세로 달려들 것 같다. 월 스트리트의 마스코트다. 1987년 Black Monday 후 빠른 주식 시장의 회복과 번영을 기원하는 의미에서 세워졌다. 3,200kg의 동으로 만들어진 황소를 실제로 보니 강한 힘을 느낄 수 있었다. 증권 브로커들 사이에서는 황소의 고환을 만지면 행운이 찾아온다는 미신이 있다. 그래서인지 그 부분이 더욱 반질반질한 광택이 나는 것 같다. 도전하기 민망한 사람들은 코나 뿔을 만져도 행운이 찾아온다고 알려져서 그 부분도 윤이 난다. 중국인 단체 관광객들이 엄청나게 주위를 에워싸고 만지고 기념사진을 찍고 있다. 불현듯 한국전쟁 때 인해전술이 생각났다. 나는 용감하게 그들 사이로 돌진하여 황소의 몸통을 쓰다듬고 뿔을 만졌다. 2017년 나에게 큰 행운이 찾아오기를 기대한다.

Federal Hall National Memorial은 본래의 연방정부 청사 건물이었는데 19세기에 무너지고 현재 건물인 미국 최초의 세관인 Customs

House가 세워졌다. 1789년 초대 대통령 조지 워싱턴의 취임식을 행한 곳으로 유명하다. 현재 박물관으로 이용되며 계단에 조지 워싱턴의 동상이 있다.

65. 본 고장에서 먹는 햄버거와 샌드위치는 또 다른 맛이다
- 인 앤 아웃 & 파이브 가이즈 & 팻 버거 & 서브웨이

2016년 8월 러시아 모스크바에서 효준이, 효은이의 강력한 요청으로 쉑쉑버거를 먹었다. 한국에서 먹었던 햄버거와 달리 빵은 부드러웠고 두툼한 패티가 잘 구워져 소고기 본연의 풍미가 느껴지며 맛있었다. 수제버거를 업그레이드한 것 같았다. 잘 튀겨낸 통통한 감자튀김을 밀크셰이크에 찍어 먹으니 오묘하고 색다른 맛이 났다.

"아빠, 내년에 미국에 가면 '인 앤 아웃'과 '파이브 가이즈'에 꼭 가야 해요."

"물론이지."

난 약속을 지키려고 노력하는 아빠다.

미국 서부에 'IN-N-Out'이 있다면 동부에는 'Five Guys'가 있다. '인 앤 아웃'은 미 서부에서는 맥도날드보다 인기가 더 좋다. 성공한 비결은 신선한 야채와 냉장 패티를 사용하기 때문이다. 즉석에서 통감자를 썰어 튀겨 낸다. 가격이 매우 저렴한 편이라 부담 없다. 메뉴는 버거와 프렌치프라이와 음료뿐이다.

'파이브 가이즈'는 햄버거, 핫도그, 감자튀김 등을 주력으로 판매하고 있다. 인 앤 아웃보다 가격은 약 3배 비싸고 전체적으로 좀 더 두텁다. 맛은 있는데 인 앤 아웃보다 3배 더 주고 먹을 정도는 아니다. 미국과 캐나다 전역에 1,500개 이상의 점포를 운영하고 있다.

캐나다에서 유명한 햄버거 체인점은 'FAT Burge'다. 1952년부터 시작되었다고 하니 한국전쟁 때 시작된 역사다. 처음 듣는 이름인데 밴쿠버에서 효준이가 캐나다에 오면 꼭 먹어야 한다고 했다. 일단 부드럽게 씹히는 맛이 좋았고 무엇보다 푸짐해서 좋았다. 음료수는 무한 리필인데 제공되는 음료수 중에서 새로운 맛을 경험했다. 맥콜과 맥주의 중간 느낌이다. 우리는 뭐든지 잘 먹기도 하지만 '맛있다'를 연발하면서 배부르게 잘 먹었다.

작년부터 TV 드라마에 간접광고로 'subway'가 등장했다. 서브웨이는 샌드위치와 샐러드 등을 판매하는 미국의 패스트 푸드 체인점이다. 개인적으로 채소가 많이 있어서 햄버거보다 좋아한다. 바깥 부분이 딱딱한 바게트는 안이 부드럽다. 서브웨이에서 본인이 원하는 속 재료를 주문할 수 있다면 영어를 어느 정도 한다고 보아야 한다.

길거리에서 파는 핫도그는 너무 간단하다 못해 빈약하다. 빵 사이에 달랑 소시지 하나뿐이다. 양배추나 양파 한 조각이라도 얹어주면 좋을 텐데… 가격은 3달러에서 6달러까지 한다.

66. 겸손하게 마음을 모으고 기도 드린다 - 트리니티 교회

우버 택시에서 내린 곳이 트리니티 교회 앞이었다. 이름이 익숙한 트리니티 교회는 1846년에 하늘을 찌를듯한 첨탑이 먼저 눈에 들어오는 고딕 양식으로 지어졌다. 높은 빌딩이 많은 중심가에 교회가 있다는 것이 신기하다. 물론 그 당시에는 다른 높은 건물이 없었을 것이다. 1860년까지만 해도 뉴욕에서 가장 큰 건물이었다. 교회 옆에는 묘비들이 많이 있다. 엄밀히 말하면 공동묘지다. 그러나 무섭지는 않았다. 오히려 마음이 차분해지고 어떤 사람일까 궁금했다.

경구 중학교에 다녔다. 가까운 곳에 천주교 대구대교구청이 있었다. 붉은 벽돌과 어우러진 유럽풍의 건물들이 사춘기의 마음에 이색적으로 다가왔다. 순교자와 성직자들의 묘와 성모당을 가끔 찾아가곤 했었다. 공동묘지를 처음 보았다. 삶과 죽음이 공존하는 곳에서 잠시 영화 속의 장면처럼 과거로 돌아가는 것 같았다.

여행하면서 교회가 보이면 될 수 있는 한 들어가 본다. 심플하고 조용한 교회를 좋아하지만, 다양한 실내 인테리어가 있는 성당도 좋아한다. 의자에 앉아 십자가를 바라보고 있으면 마음이 차분해진다. 바쁘게 움직였던 몸과 마음이 평온을 얻는다. 화려한 강대상 주변을 보면 여러 생각을 하게 된다. 스테인드글라스를 통해 여러 색으로 쏟아지는 빛을 좋아한다. 벽면에 걸려 있는 여러 성화를 보면 눈으로 읽었던 이차원적인 성경이 입체적으로 나타난다.

지나온 여정을 돌이켜보며, 함께하신 하나님께 마음을 모아 겸손하게 감사 기도를 드린다. 앞으로 남은 일정에도 선한 길로 합력하여 선으로

인도해주실 것을 청한다.

　내가 제일 좋아하는 찬송가를 불러본다.

　　내 평생에 가는 길 순탄하여
　　늘 잔잔한 강 같든지
　　큰 풍파로 무섭고 어렵든지
　　나의 영혼은 늘 편하다.
　　내 영혼 평안해 내 영혼 내 영혼 평안해

　　내 지은 죄 주홍빛 같더라도
　　주 예수께 다 아뢰면
　　그 십자가 피로써 다 씻으사
　　흰 눈보다 더 정하겠네.
　　내 영혼 평안해 내 영혼 내 영혼 평안해

　　저 공중에 구름이 일어나며
　　큰 나팔이 울려날 때
　　주 오서서 세상을 심판해도
　　나의 영혼은 겁 없겠네.
　　내 영혼 평안해 내 영혼 내 영혼 평안해

67. 자유로운 영혼 - 자유의 여신상

페리를 못 탈 줄 알았다. 뉴욕에 와서 자유의 여신상을 가까이에서 보지 못하는 것은 안타까운 일이다. 그런데 사람들이 긴 줄을 서서 기다리고 있었다. 승선권을 구입하기 위한 줄이라기에 얼른 뒤에 섰다.

멀리서 타악기로 아리랑이 들려 반가운 마음에 소리 나는 쪽으로 시선을 돌렸다. 흑인 연주자가 양철로 만든 타악기로 연주를 하고 있다. '엄지 척' 하면서 놀라운 표정을 지었다. 아마 내가 한국 사람인 것을 눈치챈 것 같다. 나에게 가까이 오더니 연달아 '고향의 봄', '애국가'를 두드린다. 페리를 타기 위해 줄은 앞으로 가고 아저씨도 우리를 따라오면서 연주를 했다. 어쩔 수 없이 팁을 주어야 했다. 기분 좋은 상술에 미소 짓게 한다. 세계 각국의 유명한 곡들을 익혀두면 돈 벌기 쉬울 것 같다. 외국에서 자기 나라의 노래를 듣는 것은 기분 좋은 일이다. 오랜 기다림 끝에 자유의 여신상으로 다가가는 나의 가슴은 벅찼다.

자유의 여신상은 '아메리칸 드림'을 품고 뉴욕 항구로 들어오는 이민자들이 가장 먼저 보게 되는 것이다. 이민자들과 이민자의 나라 미국에 상징적인 의미가 크다. 뉴욕 항으로 들어오는 허드슨 강 입구에 있는 리버티 섬(Liberty Island)에 세워진 조각상이다. 프랑스가 1886년에 미국 독립 100주년을 기념하여 선물한 것이다. 1875년에 만들기 시작하여 1884년에 완성되었고, 잠시 프랑스 파리에 서 있다가 1886년에 현재의 위치에 세워졌다. 동(銅)으로 만든 여신상의 무게는 225t, 횃불까지의 높이는 약 46m, 받침대 높이는 약 47.5m이다. 지면에서 횃불까지 높이는 93.5m이다, 집게손가락 하나가 사람 키보다 높은 2.44m이다. 머리에는 7개 대륙을 상징하는 뿔이 달린 왕관을 쓰고 있다. 오른손에는 '세계를 비추는

자유의 빛'을 상징하는 횃불을 들고 있다. 왼손에는 '1776년 7월 4일'이라는 날짜가 새겨진 독립선언서를 들고 있다. 여신상의 왕관 부분에는 뉴욕을 내려다보는 전망대가 설치되어 있고 박물관과 선물 가게도 있다. 1984년 유네스코 세계문화유산으로 지정되었다. 정식 명칭은 '세계를 비치는 자유(Liberty Enlightening the World)'지만 일반적으로 자유의 여신상으로 알려져 있다. 미국 독립을 기념하여 만들어졌으며 자유민주주의, 인권, 기회를 의미한다.

151년 동안 자유의 상징이 된 뉴욕의 랜드마크를 가까이에서 보니 반가웠다. 부두에 배를 타기 위해 길게 선 인파를 보니 도저히 내릴 엄두가 나지 않는다. 내리고 구경하고 다시 페리를 타려면 3시간은 넘게 걸릴 것 같다. 한정된 시간으로 내리지 못하는 것이 못내 아쉬워 눈에서 사라질 때까지 마음에 담는다.

자유를 찾아 이곳으로 온 이민자들을 생각한다. 걱정과 설렘과 기대로 이민자의 숙소에서 기다렸을 그들의 마음은 어떠했을까? 사람에게 자유가 없다면 어떻게 살아갈까? 생각만 해도 끔찍하다. 자유로운 영혼을 추구하는 나에게 구속과 억압은 거부감이 든다. 자유는 무엇과도 바꿀 수 없을 만큼 소중하다.

캐나다와 미국을 출국하면서 경험했다. 정당하게 내 돈으로 입국허가서와 항공티켓을 구입하였음에도 출국 수속을 하는 여러 절차에서 직원들의 무례함과 고압적인 태도는 보기 좋지 않았다. 테러 위험을 방지하기 위한 것이라고 이해를 하지만 과잉 반응인 것 같아 반발심이 생기려 했다.

군대에서 헌병이나 고참들이 병사에게 함부로 말하고 행동하는 것을 많이 경험했다. 같은 사람인데 소속된 환경과 계급에 따라 대우는 달라진다. 영화에서 본 비슷한 장면들이 떠올랐다. 미국 군대나 교도소에서 소몰이 하듯이 사람들을 몰아세운다. 그렇게 다그치지 않아도 긴 줄에서 기다림의 수고를 감내하고 있다. 이곳이 어딘가? 자유를 찾아 정착한 이민자들의 땅이다. 총기를 자유롭게 소지할 수 있어 공권력은 당연히 엄중해야 한다. 그러나 공권력은 불법을 행하는 사람에게 행해야 한다. 대부분 법과 질서를 지키며 살아가는 평범한 보통사람들에게 그렇게 할 필요가 있을까?

유럽과 아시아의 여러 나라에서는 그렇게 오만불손하고 건방지지는 않았다. 제복 입은 자들의 고압적인 거만한 태도는 싫다.

미국 여행 하면서 이민자들의 생활을 간접 경험했다. 순응하며 조심스럽게 사는 모습들을 보았다. 녹록지 않은 생활을 하는 것으로 안다. 삶의 여유를 찾으러 와서 정작 여유롭지 않았다는 것은 아이러니다. 물론 나만의 생각이다. 합법적으로 돈이면 다 된다는 나라, 돈으로 다른 사람에게 피해를 주면서 편한 것을 얻고자 하는 나라, 황금만능주의로 모든 이들에게 부러움이 되는 나라다. 그러나 나에게는 좋아 보이지는 않았다.

> **ⓘ Tip**
> APT - 트래니트 교회 우버 22달러, 팁 2달러
> 자유여신상 크루즈 1인 18.5달러 × 4 = 74달러
> 센츄리 - 타임 스퀘어 우버 20달러, 팁 2달러
> 파이브 가이 46.21달러
> 파이브 가이 - APT 우버 8달러, 팁 2달러
> APT - 케네디 공항 우버 77달러, 팁 3달러

타이베이

68. 스톱오버로 타이베이 시내를 구경하다

깊은 밤 존 에프 케네디 공항에서 에바 비행기를 타고 야간 장거리 비행을 하고 타이베이에 도착했다. 환승 대기 시간이 12시간이다. 공항 의자에 앉아서 기다리고 있을 수만은 없다. 여기는 요즘 인기 많은 대만의 수도 타이베이가 아닌가? 일부러라도 비행기 타고 오는 여행지다. 일단 따뜻한 물로 샤워를 하고 나니 개운하다.

오랜만에 타이베이 시내를 구경하고 싶어 가족들에게 물으니 좋다고 한다. 안내 직원에게 출국하는 장소를 물어 1층으로 내려갔다. 우리가 들어온 입국하는 곳만 있고 출국하는 곳이 없다. 다시 올라와 안내 직원에게 말하니 따라왔다. 입국 심사하는 직원에게 무슨 말을 하여 입국하는 곳으로 통과하니 이민국이 나왔다. 우리나라를 비롯해서 다른 나라 같았으면 가능했을까? 출국 카드를 작성하고 직원에게 출국 도장을 받고 나왔다. 여권에 새로운 도장이 찍히니 기분 좋다. 100달러를 환전하고 타이베이 메인 스테이션으로 가는 공항버스 왕복 티켓을 구입했다. 잠시 기다렸다가 시간에 맞추어 공항버스를 탔다.

효은이가 "아빠, 핸드폰이 없어요. 출국 카드를 작성했던 테이블에 핸드폰을 둔 것 같아요."

이게 무슨 소리인가? 가슴이 또 한 번 철렁했다.

토론토에서 뉴욕공항에 도착하여 입국심사를 하는데 효준이가 "아빠, 여권이 없어요."

여행하면서 처음으로 심장이 떨어지는 소리를 들었다. 여행지가 아닌 입국심사대 바로 앞에서 여권이 없다는 것은 놀랄 일이다. 평상시에는 내가 여권을 가지고 있었는데 보안 검색대 앞에서 각자에게 준 여권이 없다는 것이다. 다행히 검색대로 되돌아가서 무사히 찾았던 기억이 생생하다.

"하하, 모두 한 건씩을 하는구나."
"시애틀에서 겪었던 아빠의 마음을 조금은 이해할 수 있겠네."

아이들은 지금 가 봐도 없을 것이라며 단념한 듯 그냥 가자고 한다. 그럴 수는 없다.

'폰 가격이 얼마인데…'

최선을 다해서 할 수 있는 데까지는 해야 한다. 국내선 터미널에서 재빨리 내렸다. 직원이 친절하게 국제선 공항터미널로 가는 버스를 안내해 주었고 방금 타고 온 버스 승차권을 돌려주었다. 공항에 도착하여 출국장 입구에 있는 공항 경찰에게 말하려고 하니 여행 안내소에 가서 말하라고 한다. 자초지종을 직원에게 설명하니 출입국 관리 사무실로 전화하고 기다려 보라고 말했다. 초조한 20여 분의 시간이 지났다.

출국 문에서 나오는 경찰의 손에는 골드 아이폰이 환하게 웃고 있었다. 받았다는 서류를 작성하고 감사의 마음을 표현했다. 혹시나 하는 마음에 오기는 왔지만, 사람이 많이 왕래하는 곳이기 때문에 솔직히 30%만 기대를 했다. 역시 잘 왔다는 생각이 들었다.

"효준아, 효은아. 앞으로 무슨 위급한 일을 만나면 당황하지 말고 쉽게 포기하지 말고 할 수 있는 데까지 해봐야 한다."

대만은 예전이나 지금이나 나에게 참 좋은 나라다.

타이완의 수도 타이베이(台北)는 타이완의 정치, 경제, 문화의 중심지로 세계적으로 인정받은 도시다. 타이베이의 시간을 돌려 과거로 거슬러 올라가면 기원전 4000~2500년의 선사 시대부터 사람이 살았다는 흔적을 찾아볼 수 있다.

지리적으로는 동아시아 해상 교통의 중심지에 위치해 있어 17세기 스페인과 네덜란드 등 서구 열강이 차례로 점령하며 쟁탈전을 벌이기도 했다. 청나라의 영토로 편입되었고 청일 전쟁 후 일본의 식민 통치를 반세기 동안 받았다. 2차 대전 이후에 국민당 정부에 반환되어 1949년 중화민국의 수도로 선포되었다.

이런 복잡한 역사적 배경 덕분에 타이베이의 문화는 다원적인 특색을 가지게 되었다. 타이베이에는 중국 역사의 보고인 국립고궁박물관이 있으며 세계 5대 박물관에 포함된다. 현대의 건축 기술을 자랑하는 타이베이 101빌딩이 랜드마크가 되었다. 타이베이는 중국의 전통문화를 보존하면서도 세련된 현대 문화를 구경할 수 있다. 여행자들의 발이 닿는 곳 어

디든 독특한 문화와 다양한 볼거
리를 제공하는 매력적인 국제도
시다.

공항버스를 타고 시내로 가는
길에 보이는 풍경은 미국과 캐나
다와는 또 다른 풍광이었다. 중
앙 버스터미널에 내리자 햇살이 뜨겁게 내리쬐면서 습하고 더웠다. 실
내는 커다란 광장처럼 되어 있는데 의자가 없는 것이 특이했다. 많은 사
람들이 바닥에 앉아 있었다. 부근에 있는 재래시장 구경을 했다. 시장
은 어느 나라나 비슷하다. 대만에 오면 먹어 보라고 하는 우육면과 우설
면을 주문했다. 색깔은 검었다. 일단 푸짐했다. 칼국수의 면발로 고기가

푸짐하게 들었다.

망고 빙수는 아무리 찾아보아도 보이지 않는다. 아쉽지만 망고 슬러시를 먹었다. 맥도날드 메뉴판은 한문으로 적혀 있었다. 1992년 처음 타이베이에 여행 와서 먹은 음식이 맥도날드 햄버거였다. 그때 한문으로 적혀 있던 메뉴판이 신기했던 기억이 있다. 짧은 시간이지만 타이베이를 구경하고 중국 음식을 먹으니 여행 마지막 보너스를 받은 기분이 들었다.

여행을 마무리해야 할 시간이 다가오고 있다. 추억이라는 이름으로 나의 가슴에 오랫동안 머물러 남아있을 것이다. 이번 가족여행에서는 어떤 곳이 운명처럼 다가왔을까? 세월이 흘러 되돌아보면 숙성된 음식의 깊은 맛처럼 또 다른 의미로 기억될 것이라 생각한다. 여행은 운명으로 다가온다.

> **ⓘ Tip**
>
> 100달러 환전 2,987위안 - 수수료 30위안 = 2,957위안
> 공항버스 왕복 230위안 × 4인 = 720위안(편도 160위안)
> 비교: 지하철 편도 160위안 × 2 × 4인 = 1,280위안
>
> 우육면 大 130위안 × 2그릇, 우설면 120위안
> 망고스틴 70위안, 망고 스무디 90위안

에필로그

　대한민국은 현재 일촉즉발의 위기 상황이라고 합니다. 미국에서 사랑하는 나의 조국 대한민국을 생각하며 객관적으로 보았습니다. 매스컴에서 떠드는 뉴스 가운데 진실은 과연 얼마나 될까요? 다양한 언론매체들은 새로운 이슈를 만들기 위해 노력합니다. 공영방송사의 장기간 파업을 지켜보면서 사람은 누구나 본인의 이익을 위해서 행동한다는 것을 새삼 깨닫게 됩니다.

　사람에게 궁극적으로 선과 정의가 존재할까요?
　미국은 자국의 경제적인 이익을 위해서, 북한은 살기 위해서 발버둥치는 것 같습니다. 대한민국에 사는 우리들은 어떤 생각을 하며 살아야 할까요? 이제는 내성이 생겨서 많이 놀라지는 않습니다. 문제는 우리나라의 운명을 우리가 어떻게 하지 못한다는 것입니다. 자주국방이 최우선입니다. 사람과 나라의 앞일은 아무도 모릅니다. 주어진 운명의 흐름 속에서 최선을 다할 뿐입니다.

　새벽 4시에 일어나 에필로그를 작성하며 미국 횡단과 캐나다 6개 도시 여행을 마무리하려고 합니다. 길고 긴 시간 동안 계획하고 준비한 여행이었습니다. 잘 마무리하게 된 네 번째 여행이라 감사하고 흐뭇합니다.

첫 번째 여행은 준비하면서 설렘과 기대로 가득했습니다. 두 번째 여행은 미국과 캐나다에서 직접 보고 들으며 온몸으로 경험하고 체득한 즐거운 여행이었습니다. 세 번째 여행은 돌아와서 사진을 정리하며 지난 여름의 가족여행을 추억하며 블로그에 포스팅하는 뿌듯한 여행이었습니다. 네 번째 여행은 책으로 출간하기 위한 컴퓨터와의 여행입니다.

원고를 수십 번 읽으며 마지막 교정을 했습니다. 읽으면 읽을수록 수정하고 싶은 것이 보입니다. 그때의 일들이 다시 떠오르며 그 당시 느꼈던 감정을 정확하게 잘 표현하면 기분이 좋습니다. 이런 맛으로 앞으로 해마다 책을 출간할 것 같습니다. 생애 열 권 프로젝트를 생애 스무 권 출간 프로젝트로 수정했습니다.

세 번째 태원용의 여행 이야기가 나왔습니다. 여행하면서 좋았던 순간이 많아서 그곳에서 조금 더 머물렀으면 하는 생각을 해보았습니다. 그러나 나그네 같은 여행이므로 떠나서 집으로 돌아왔습니다. 언젠가 본향을 향하여 갈 때까지 범사에 감사하며 최선을 다해서 살아가리라고 다짐해봅니다. 내 인생 명장면으로 마음속에 가득 담아 왔습니다.

미국과 캐나다 여행을 준비하는 사람들에게 실질적인 도움이 된다면 저의 보람이며 기쁨이겠습니다. 현실적인 여건으로 여행하지 못하는 사람들에게는 저의 여행 이야기가 대리만족이 되었으면 좋겠습니다.

여행을 하고 싶으신가요?

마음속에 작은 소망의 씨앗을 심어보세요.

가끔 물을 주며 관심을 가지고 이야기하니 어느 순간 활짝 꽃을 피우고 열매를 맺었습니다. 언젠가 가보고 싶은 곳에서 미소 짓는 본인을 상상하면서 행복하시기를 바랍니다.

자신만의 퀘렌시아(안식처)를 꿈꾸며…